新时代背景下乡村振兴战略研究

林云飞　谢依楠　李晨曦　著

中国商务出版社

图书在版编目（CIP）数据

新时代背景下乡村振兴战略研究 / 林云飞，谢依楠，李晨曦著. -- 北京：中国商务出版社，2022.10

ISBN 978-7-5103-4485-5

Ⅰ．①新… Ⅱ．①林… ②谢… ③李… Ⅲ．①农村经济建设－经济发展战略－研究－中国 Ⅳ．①F323

中国版本图书馆CIP数据核字(2022)第183614号

新时代背景下乡村振兴战略研究

XINSHIDAI BEIJING XIA XIANGCUN ZHENXING ZHANLÜE YANJIU

林云飞 谢依楠 李晨曦 著

出　　版：	中国商务出版社		
地　　址：	北京市东城区安外东后巷28号	邮　编：	100710
责任部门：	发展事业部（010-64218072）		
责任编辑：	周青		
直销客服：	010- 64515210		
总 发 行：	中国商务出版社发行部（010-64208388　64515150 ）		
网购零售：	中国商务出版社淘宝店（010-64286917）		
网　　址：	http://www.cctpress.com		
网　　店：	https://shop595663922.taobao.com		
邮　　箱：	295402859@qq.com		
排　　版：	北京宏进时代出版策划有限公司		
印　　刷：	廊坊市广阳区九洲印刷厂		
开　　本：	787毫米×1092毫米　1/16		
印　　张：	11	字　数：	210千字
版　　次：	2023年2月第1版	印　次：	2023年2月第1次印刷
书　　号：	ISBN 978-7-5103-4485-5		
定　　价：	63.00元		

凡所购本版图书如有印装质量问题，请与本社印制部联系（电话：010-64248236）

版权所有盗版必究（盗版侵权举报可发邮件到本社邮箱：cctp@cctpress.com）

前言

党的十九大提出实施乡村振兴战略,并强调农业、农村、农民问题是关系国计民生的根本性问题,必须始终把解决好"三农"问题作为全党工作的重中之重。

要坚持农业、农村优先发展,按照"产业兴旺、生态宜居、乡风文明、治理有效、生活富裕"的乡村振兴战略总要求,建立健全城乡融合发展体制机制和政策体系,加快推进农业农村现代化。巩固和完善农村基本经营制度,深化农村土地制度改革,完善承包地"三权"分置制度,保持土地承包关系稳定并长久不变,第二轮土地承包到期后再延长三十年。深化农村集体产权制度改革,保障农民财产权利,壮大集体经济。确保国家粮食安全,把中国人的饭碗牢牢端在自己手中。构建现代农业产业体系、生产体系、经营体系,完善农业支持保护制度,发展多种形式适度规模经营,培育新型农业经营主体,健全农业社会化服务体系,实现小农户与现代农业发展有机衔接。促进农村一二三产业融合发展,支持和鼓励农民就业创业,拓宽增收渠道。加强农村基层基础工作,健全自治、法治、德治相结合的乡村治理体系。培养、造就一支懂农业、爱农村、爱农民的"三农"工作队伍。

本书主要内容包括回顾农村社会发展变迁、面向新时代推动农业农村现代化、推进农村政治发展、促进农村文化健康持续发展、加强农村基层基础工作、建设美丽乡村。

实施乡村振兴战略,推进农村社会建设和发展是一项战略性的系统工程,也是一个需要不断探索、不断创新和努力实践的过程。由于作者学术视野、研究水平和实践探索等方面的限制,书中尚存在不足,恳请读者批评指正。

目 录

第一章 回顾农村社会发展变迁……1

第一节 农村社会概述……1

第二节 近代中国农村社会结构演变……16

第三节 中华人民共和国成立初期农村社会阶层的分化……18

第四节 改革开放以来我国农村社会的分化与发展……22

第二章 面向新时代，推进农业农村现代化……34

第一节 现代农业概述……34

第二节 发展现代农业，构建现代农业体系是实施乡村振兴战略的首要任务……40

第三节 发展现代农业的经验及存在的问题……44

第四节 构建现代农业体系，推进农业农村现代化建设……51

第三章 面向新时代，推进农村政治发展……60

第一节 中国农村政治变迁……60

第二节 中国农村政治发展研究的理论框架……65

第三节 农村政治发展的目标……69

第四节 农村政治发展的问题与展望……74

第四章 面向新时代，促进农村文化健康持续发展……85

第一节 农村文化概述……85

第二节 农村文化发展与变迁……92

第三节　城乡一体化进程中的农村文化发展 98

第四节　农村文化产业发展 108

第五章　面向新时代，加强农村基础工作 117

第一节　农村社会管理 117

第二节　中国传统乡村社会管理模式 126

第三节　转型期农村社会管理改革与创新 131

第六章　面向新时代，建设美丽乡村 145

第一节　生态文明与生态公平 145

第二节　我国生态文明建设 150

第三节　农村生态文明建设 154

第四节　农村生态文明建设路径选择 165

参考文献 170

第一章　回顾农村社会发展变迁

　　农村社会的发展关系着民族的发展，农村社会变迁的历史在一定程度上就是民族发展的缩影。近代以来，我国农村社会在向现代化迈进的过程中，从个体、家庭到村落都在社会发展的大潮中不断分化，导致传统社会结构不断消解、分化。自1978年改革开放以来，我国农村生产力得到极大解放，农村经济、政治、社会、文化等都得到极大发展。进入21世纪，党和国家始终坚持农业的基础地位，高度重视农村社会建设。

　　2005年10月，党的十六届五中全会提出"生产发展、生活宽裕、乡风文明、村容整洁、管理民主"的社会主义新农村建设总要求。2017年10月，党的十九大在中国特色社会主义进入新时期时再次强调，农业、农村、农民问题是关系国计民生的根本性问题，提出要实施乡村振兴战略，坚持农业农村优先发展，按照"产业兴旺、生态宜居、乡风文明、治理有效、生活富裕"的总要求，建立健全城乡融合发展体制机制和政策体系，加快推进农业农村现代化。因此，了解我国农村社会及其发展存在的问题，对在新时期实施乡村振兴战略，推进农业农村现代化有着极其重要的现实意义。

第一节　农村社会概述

一、农村社会及其本质

　　社会指在特定环境下共同生活的人群，能够长久维持的、彼此不能够离开的、相依为命的一种不容易改变的结构。在社会学中，社会指的是由有一定联系、相互依存的人们组成的超乎个人的、有机的整体，是人们的社会生活体系。马克思主义观点认为，社会是人们通过交往形成的社会关系的总和，是人类生活的共同体。人类社会一旦形成，就要发挥作用，这种作用就成为社会功能。社会的基本功能主要有整合功能、交流功能、导向功能、继承和发展功能等。人的生命短暂，人类一代代更替频繁，而社会则是长存的。人类创造的物质和精神文化是通过社会积累和发展形成的。

社会的本质是指规定和制约各种社会现象的内在基础和根据。马克思指出,"社会——不管其形式如何——究竟是什么呢?是人们交互活动的产物"。"生产关系总合起来就构成所谓社会关系,并且是构成为一个处于一定历史发展阶段上的社会,具有独有的特征的社会"。马克思主义社会学认为,社会是一个整体系统,整个社会统一体的各个组成部分是相互包含、相互依存的。其中,生产关系的总和即生产方式构成了一个社会存在、运行和发展的基础,规定和制约着一切社会关系和社会现象的本质所在。

社会是由一些基本要素结合而形成的,主要包括人口、自然环境、文化三大基本要素。马克思指出,全部人类历史的第一个前提无疑是有生命的个人的存在。人口是社会生活的主体,是一切社会生活的基础与出发点,是各种社会关系的体现。人口以其数量、质量各种构成与分布和变动等来影响和作用社会,社会中的人口要素有数量、质量、结构三方面的体现。人类社会的自然环境要素是指人类生存和发展所依赖的各种自然条件的总和,主要包括资源和环境两方面,即地理位置、气候、地貌(地形、土壤)和各种自然资源。人类社会存在于现实的自然环境之中,人类不但要在社会范围内彼此交互联系,而且还要与自然界发生联系,以求得社会的发展。社会学意义上的文化要素包含人类在社会活动创立和积累的,如语言、历史、习俗、艺术、法律、制度、价值观念及其附属物等。

马克思认为,当人开始生产自己的生活资料的时候,这一步是由他们的肉体组织所决定的,人本身就开始把自己和动物区别开来。人们生产自己的生活资料,同时间接地生产着自己的物质生活本身。文化是个人社会化的重要条件,也是人类社会发展的动力。例如,国家或民族的历史、地理、风土人情、传统习俗、生活方式、文学艺术、行为规范、思维方式、价值观念等,这些既是人类相互之间进行交流的普遍认可的、一种能够传承的意识形态,又规范、指导着社会成员的思想和行为,维系着人类社会的关系,构成稳定的社会秩序,从而推动社会发展。

社会结构指整体社会中各基本组成部分之间比较稳定的关系或构成方式。社会结构具有紧密结合性、层次性、相对稳定性等特征。社会基本结构主要包含以下三部分内容:第一,由人的劳动生产活动形成的人与自然界的关系,实现着社会与自然界的物质、能量与信息的交换,构成生产力系统。第二,在劳动生产活动中形成的人与人之间的联系,使生产力获得具体的社会形式,构成生产关系系统。第三,以生产关系为基础派生出来的其他各种社会关系,建立起来的由经济、政治、文化、社会、生态等意识形态组成的上层建筑系统。社会结构的基本要素主要包括社会行为、社会关系、社会地位、社会角色、社会群体、社会制度、社区等，是人们了解社会，进行社会运行状况分析的重要基础。

二、农村社会

所谓农村社会，就是由农村居民所组成的以农业生产活动为基础的社会。《社会科学百科全书》将农村社会定义为："农业为主要职业，人与自然环境更接近，社会群体小，人口稀疏，社会同质性强，内部分化和分工，人口流动率低，社会交往少，地域窄，面对面活动的区域共同体。"《社会学词典》将农村社会定义为："以各种农业生产和其他活动为基本特征，由同质性劳动活动人口组成的，社会关系比较简单，人口相对稀疏的区域社会。"

（一）农村社会的主要特征

综合学界对农村社会的定义，可以将传统农村社会的主要特征归结为以下六方面。

（1）以家庭为基本生产单位、以手工为主要生产方式的自给自足的小农经济在社会中占主导地位，生产的目的主要是满足家庭生活需要而不是交换。

（2）社会分工不发达，社会分化程度低。

（3）社会流动性弱，各阶级阶层之间壁垒森严。社会关系以血缘和地缘关系为主，个人的发展受到极大限制。

（4）社会管理原则是家长制，"人治"为政治系统运行的基本方式。

（5）人们的思想观念陈旧、迷信权威、惧怕变革。

（6）竞争机制不健全，生活节奏缓慢，因而社会的变革和进步也非常迟缓。

然而，农业社会中人与自然之间保持着一种顺应的关系，表现为人们拥有一个优越的生态环境或生存空间，在日常生活中人际交往的人情味浓厚，节奏舒缓的生活使人较少存在心理紧张和精神压抑，伦理型的规范对于抑制一般性的越轨行为有着不可替代的作用等。

（二）农村社会的主体

农民是农村社会的主体，既是农村社会的建设者，也是推进农村社会发展的主力军。农民曾经是一个宽泛的概念，长期以来可以从不同角度和不同层次进行理解。

作为一种职业，农民是指以土地为生、直接从事农业生产的劳动者。"土地"是农民的命根，他们以土地为主要生产资料，长期专门从事农业生产劳动，这是他们最普通的谋生方式。在发达国家，农民完全是一个职业概念，指的就是经营 farm（农场、农业）的人。这个概念与 fisher（渔民）、artisan（工匠）、merchant（商人）等职业并列。而所有这些职业的就业者都具有同样的公民权利，只不过他们从事的职业有别。务农者即为 farmer，一旦不再务农也就不是 farmer 了。但无论务农与否，他们与"市民"之间并无身份等级界限。

作为一种阶级概念，农民是指没有土地或只占有少量土地的农民利益群体，一般与地主阶级对立。农民由于数量众多，无论在哪个国家，都是社会中一个不可忽视的阶层和力量，也是马克思、恩格斯在无产阶级革命中很重视的因素。"农民到处都是人口、生产和政治力量的非常重要因素""在还是农民时就能被我们争取过来的农民人数越多，社会改造的实现也就会越迅速和越容易"。1933 年 10 月，毛泽东在《怎样分析农村阶级》中提出农村阶级可以划分为地主、富农、中农、贫农、工人五类。自 1950 年 6 月 30 日开始，根据中央人民政府《关于划分农村阶级成分的决定》精神，我国在全国范围农村阶级成分的划分，将农村阶级划分成"地主、富农、中农、贫农、工人"，其中，中农又分上中农、中农和下中农。1979 年 1 月 29 日，中共中央做出《关于地主、富农分子摘帽问题和地、富子女成分问题的决定》（以下简称《决定》）。《决定》指出，除极少数坚持反动立场至今还没有改造好的外，凡是多年来遵守法令，老实劳动，不做坏事的地、富、反、坏分子，经过群众评审，县委批准，一律摘掉帽子，给予人民公社社员待遇。地、富家庭出身的社员，他们本人成分一律定为公社社员，与其他社员拥有一样的待遇。凡在入学、招工、参军、入团、入党和分配工作等方面主要看政治表现。由此地主、富农、中农、贫农、雇农等成分划分在人民群众的政治生活中才逐渐消失。

作为一种身份概念，凡是农村户籍管理的人口都称为农民。我国的城乡二元户籍制度以 1958 年 1 月《中华人民共和国户口登记条例》（以下简称《条例》）颁行为标志，《条例》对人口自由流动实行严格限制和政府管制，第一次明确将城乡居民区分为"农业户口"和"非农业户口"两种不同户籍。《条例》规范性条款把我国人口一分为二，即农业人口—农民，非农业人口（城市人）—非农民。

户籍制度严格地规定了农民的身份，他们被牢牢束缚在土地上，受着一种"二等公民"的莫名的歧视。随着改革开放的不断深入和城乡交流的日益广泛，该户籍制度已引起社会愈来愈广泛的争议。从 2005 年底开始，我国着手改革户籍制度。2016 年 2 月，国务院印发《关于推进新型城镇化建设的若干意见》要求，积极推进农业转移人口市民化，加快落实户籍制度改革政策，鼓励各地区进一步放宽落户条件；

全面实行居住证制度，推进居住证制度覆盖全部未落户城镇常住人口；推进城镇基本公共服务常住人口全覆盖；加快建立农业转移人口市民化激励机制。

从世界范围看，从事农业生产是农民的本质特征，是最基本的特征。但在我国有其特殊性，农民主要不是指职业，而是指身份，也就是指农民在社会结构中的位置或社会关系中的地位。人们谈到"农民"时想到的并不仅仅是一种职业，而是一种社会等级，一种身份与生存状态，一种社会的组织方式，一种文化模式乃至心理结构。改革开放以来，通过经济、政治、文化、教育等一系列深入改革，我国农民的自主权和社会流动增强了，其职业也从单一走向多元化，农民阶级发生了分化。

（三）农村社会的构成

1. 农村人口

农村人口是根据生活地区的不同对人口的一种分类，具体是指居住和生活在农村地区的、一定数量和质量的人的总称。在社会发展历程中，相当长时间内，农村人口是我国人口的主体，占全国总人口的70%~80%。1953年，全国第一次人口普查时，农村人口为5.05亿人，占全国总人口的86.7%。直到2009年末，全国总人口为133474万人，其中，乡村人口71288万人，占总人口比重53.4%，农村人口占比依然大于城镇人口。近年来，随着我国城镇化建设步伐的不断加快，城镇人口数已经超过了农村人口数。2017年2月28日，国家统计局发布的《中华人民共和国2016年国民经济和社会发展统计公报》表明，2016年末全国总人口138271万人，其中，农村户籍人口58973万人，占总人口比重为42.65%。

农村人口包含特定的自然属性和社会属性。在自然属性方面，农村人口表现出不同于城镇人口的特定的出生、成长、繁衍、衰老和死亡的生物性规律；在社会属性方面，农村人口也表现出特定的教育、家庭、婚姻、民族、文化、职业构成等规律。研究和分析农村人口，主要通过农村人口的性别结构、年龄结构、教育结构、职业结构、家庭人口规模等指标来进行衡量和反映。

2. 农村婚姻与家庭

婚姻是一种社会制度，指男女两性依照一定的社会风俗、伦理或法律的规范而建立起来的夫妻关系。在旧中国，农村男女青年对自己的婚姻无权做主，基本由父母包办，嫁娶都是为了家庭的需要。中华人民共和国成立后，废除了封建的买卖婚姻和包办婚姻制度，提倡自由恋爱和婚姻自主，农村青年在婚姻方面有了一定的自主性。对当代的农村青年而言，婚姻不再是为了完成任务或传宗接代，而是追求个人幸福生活的一个重要条件。但是，由于我国不同地区的经济发展水平存在差异，不同地区的农村青年在择偶标准上也有差异。在经济落后的地区，对对方家庭经济条件的考虑较多；在经济较发达地区，则更多关注个人因素，注重个人未来发展潜力与感情因素。

家庭是指以婚姻关系、血缘关系或领养关系为纽带和标志的社会共同生活体。家庭是农村社会的细胞，在农村社会结构中占据着非常重要的位置。由于受历史与传统因素的影响，我国的"户"是以居住地为标志的地域性群体，有无婚姻关系、血缘关系或领养关系并不是判断"户"是否存在的标准。《中华人民共和国户口管理条例》第五条规定，户口登记以户为单位。同主管人共同居住一处的立为一户，以主管人为户主。单身居住的自立一户，以本人为户主。居住在机关、团体、学校、企业、事业等单位内部和公共宿舍的户口共立一户或者分别立户。因此，户与家庭并非一一对应的关系。改革开放前，我国农村家庭的范围往往要小于户的范围，即一户中可能有几个家庭。改革开放后，特别是近年来，经济发展为人们的独立生活、发展提供了必要的基础，我国农村家庭与户已基本形成一一对应关系。

随着经济社会的发展，我国农村家庭目前在结构上呈现出类型核心化、规模小型化、发展多元化等特点；在功能上呈现出生产互助功能减弱，赡养、政治、教育功能弱化，生育功能退化等特点；在家庭关系上呈现出夫妻关系成为家庭核心、女性在家庭中的地位上升、子辈在家庭中地位提高、家庭关系日益平等。但一些新的问题也接踵而来，如非婚同居、婚外同居、闪婚与闪离、家庭暴力等现象屡见不鲜，离婚率逐年上升，部分农村地区离婚率已高于城市。另外，由于人口生育政策、城乡发展二元差距、农民工流动等导致的农村人口老龄化、留守儿童、留守妇女、留守老人等也是目前农村家庭亟待解决的问题。

3. 农村经济

农村经济包括农村物质资料生产过程中的经济关系、经济活动规律及其应用，以及农民作为农村市场主体，在生产、分配、交换、消费活动中产生的各种经济社会关系。具体而言，农村经济包括粮食安全、特色农业、农业效益、农业发展后劲、农民收入和农村改革等问题。农村经济是国民经济的基本单元，是我国经济整体中的重要组成部分。改革开放以来，我国农村经济得到显著发展。据国家发改委数据表明，2015年，全国粮食产量达到6.21亿吨，棉花、油料、糖料、肉类、禽蛋、水果、蔬菜、水产、天然橡胶等农产品稳定增长，市场供应充足，农产品质量安全水平不断提升。农业物质技术装备水平明显提高，农业科技进步贡献率、农作物耕种收综合机械化率分别达到56%和63%，农田有效灌溉面积占比超过52%，灌溉水有效利用系数达到0.532。农民增收实现新突破，2015年，全国农村居民人均可支配收入达到11422元，工资性收入对农民增收的贡献率达到48%，成为增收的主渠道。我国现行标准下农村贫困人口从2010年的1.66亿人减少到2015年的5575万人，贫困发生率下降到5.7%。

"十三五"期间，农业发展的主要任务就是加快转变农业发展方式，大力推进农业现代化。通过增强农产品安全保障能力、构建现代农业经营体系、提高农业技术装备和信息化水平、完善农业支持保护制度等工作，加快转变农业发展方式，着力构建现代农业产业体系、生产体系、经营体系，提高农业质量效益和竞争力，走产出高效、产品安全、资源节约、环境友好的农业现代化道路。根据《中华人民共和国国民经济和社会发展第十三个五年规划纲要》的有关部署，国家发展和改革委员会于2016年10月印发了《全国农村经济发展"十三五"规划》，提出要紧紧围绕做强农业、富裕农民、繁荣农村，以农业供给侧结构性改革为主线，持续夯实现代农业基础，转变农业发展方式，推进农村产业融合，构建现代农业产业体系、生产体系和经营体系，推动城乡协调发展，建设美丽宜居乡村，加强山水林田湖保护和修复，提高生态安全保障能力，实现农业农村现代化与工业化、信息化、城镇化同步推进。

4.农村政治

自中华人民共和国成立后，通过互助组、初级社、高级社等生产集体化举措，对农村实行社会主义改造，建成政社合一的人民公社。在人民公社体制下，形成了由公社、生产大队、生产队、生产小组、社员组成的权力结构，以集体化和计划经济为基础的党政体制取代了以分散和小农经济为基础的传统农村政治体制。但人民公社制度在运行过程中，呈现出权力过分集中、资源高度统筹、管理依赖政治强制等弊端，严重压抑了个人的生产积极性和社会参与能力，阻碍了农村的发展。1983年10月，中共中央、国务院发出《关于实行政社分开建立乡政府的通知》，强调政社分开，乡镇一级政府作为基层政权而不是一级经济单位，在农村管理上走村民自治的道路。1998年11月4日，第九届全国人民代表大会常务委员会第五次会议通过《中华人民共和国村民委员会组织法》，我国农村村民自治正式步入法制化轨道。

2005年10月，《中共中央关于制定国民经济和社会发展第十一个五年规划的建议》提出，要按照"生产发展、生活宽裕、乡风文明、村容整洁、管理民主"的要求，扎实推进社会主义新农村建设。提出管理民主是新农村建设的政治保证，显示了对农民群众政治权利的尊重和维护。只有进一步扩大农村基层民主，完善村民自治制度，真正让农民群众当家作主,才能调动农民群众的积极性,真正建设好社会主义新农村。因此,目前我国农村政治建设的重点是在加强农民民主素质教育的基础上,切实加强农村基层民主制度建设和农村法制建设,引导农民依法行使自己的民主权利。

5. 农村文化

农村文化是指在特定的农村社会生产方式基础上,以农民为主体,建立在农村社区基础上的文化,是农民文化素质、价值观、交往方式、生活方式等的综合反映。农村文化主要以民间文化、民俗等方式呈现。民间文化的内容非常广泛,包括传说、神话、故事、说唱、文学、舞蹈、音乐、绘画、工艺、器物、建筑等。民俗主要指在民间不以文字为媒介,通过口头传承而保留下来的文化或关于生活各方面的知识,包括传统风俗、习惯、舞蹈、歌曲、故事和谚语等。农村文化是一种以农民为主体的文化,是农民在长期的生产和生活中创造出来的文化。从传统的农村文化来看,具有乡土性、封闭性、相对静态性、多样性等特点。农村文化同样具有变迁性,也会随着经济社会的发展而不断发生变迁。自1978年改革开放以来,随着农村生产力得到解放和发展,一些民俗也得到了相应的恢复。但近年来,随着农民主体身份的变迁,城镇化的快速发展,农村文化又伴随着城镇化和市场经济的发展而出现了严重萎缩现象。

每一种文化都提供了具有约束性、普遍起制约作用的行为规范,农村文化在农村社会中对民众的日常行为方式及思想观念均起着重要的作用。2005年11月,中共中央办公厅、国务院办公厅联合发出《关于进一步加强农村文化建设的意见》提出,加强农村文化建设是全面建设小康社会的内在要求,是树立和落实科学发展观、构建社会主义和谐社会的重要内容,是建设社会主义新农村、满足广大农民群众多层次多方面精神文化需求的有效途径,对于提高党的执政能力和巩固党的执政基础,促进农村经济发展和社会进步,实现农村物质文明、政治文明和精神文明协调发展具有重大意义。该意见要求以丰富农民群众精神文化生活为根本,开展多种形式的群众文化活动,积极引导广大农民群众崇尚科学,破除迷信、移风易俗、抵制腐朽文化,该意见提高思想道德水平和科学文化素质,形成文明健康的生活方式和社会风尚。2015年1月,中共中央办公厅、国务院办公厅印发《关于加快构建现代公共文化服务体系的意见》强调,要统筹推进公共文化服务均衡发展,促进城乡基本公共文化服务均等化,提出要加大对农村民间文化艺术的扶持力度,推进"三农"出版物出版发行、广播电视涉农节目制作和农村题材文艺作品创作,深入实施边远贫困地区、边疆民族地区、革命老区人才文化工作者专项支持计划,支持老少边穷地区挖掘、开发、利用民族民间文化资源，充实公共文化服务内容等，进一步明确农村文化建设的方向和举措，为加强农村文化建设、推进农村文化的发展提供重要的制度保障。

6.农村社会保障

农村社会保障主要是指以法律为依据，国家、社会群体、个人对暂时或永久丧失劳动能力，以及因各种原因导致生活发生困难的农户给予物质帮助的一种社会保障制度，目的是提高农民的物质文化生活质量，主要内容包括农村社会救助、农村社会保险、农村社会福利、农村医疗保障和农村优抚安置等。我国农村社会保障作为一种社会行为源远流长，随着社会的发展，农村社会保障的性质从古代农业文明时期补救性质向现代社会的制度化方向转变，其保障范围从狭隘性、单一性向社会公共性、综合性转变，保障理念也从传统的注重社会整体和国家控制向现代的强调个人权利和政府义务转变。

加强农村社会保障体系建设，一直是党和国家农村工作的重点。中华人民共和国成立以后，在农村建立了以集体供养与家庭养老相结合的养老保障制度，以农村合作医疗基本医疗保障制度为重点的农村社会保障体系。改革开放后，随着经济社会的发展，农村社会保障体系建设在农村养老、社会救助、医疗保障等方面均取得了显著成效，但也还存在公共服务资源匮乏、覆盖面不足、农民主体负担较重等诸多问题亟待解决。2011年12月，中共中央、国务院印发《中国农村扶贫开发纲要（2011—2020年）》指出，要进一步完善农村社会保障制度，要逐步提高农村最低生活保障和五保供养水平，切实保障没有劳动能力和生活常年困难农村人口的基本生活。健全自然灾害应急救助体系，完善受灾群众生活救助政策。加快新型农村社会养老保险制度覆盖进度，支持贫困地区加强社会保障服务体系建设。加快农村养老机构和服务设施建设，支持贫困地区建立健全养老服务体系，解决广大老年人养老问题。加快贫困地区社区建设。做好村庄规划，增加农村危房改造试点，帮助贫困户解决基本住房安全问题。完善农民工就业、社会保障和户籍制度改革等政策。2015年11月，中共中央办公厅、国务院办公厅印发了《深化农村改革综合性实施方案》提出，要推进形成城乡基本公共服务均等化的体制机制，重点是建立覆盖城乡的基本医疗卫生制度，整合城乡居民基本医疗保险制度；健全全国统一的城乡居民基本养老保险制度，完善待遇确定和正常调整机制；推进最低生活保障制度城乡统筹发展，加强农村留守儿童、妇女、老人关爱服务体系建设等，这标志着我国农村社会保障体系建设将步入一个城乡统筹的新阶段。

7. 农村社会组织

2016年8月，中共中央办公厅、国务院办公厅印发《关于改革社会组织管理制度促进社会组织健康有序发展的意见》指出，以社会团体、基金会和社会服务机构为主体组成的社会组织，是我国社会主义现代化建设的重要力量。该意见明确了我国目前社会组织的主体范围主要包括社会团体、基金会和社会服务机构三大类。

农村社会组织是农村中为完成特定社会目标，执行特定的社会职能并根据一定的规章、程序而进行活动的人群共同体，是农村社会从无序到有序发展的一种状态和过程，是一定社会成员所采取的某种社会生活方式。现阶段，从法治化视野来看，我国农村社会组织主要包括两个层面：一是依法建立和管理的政治组织、经济组织、事业组织和群团组织；二是由于历史原因和能够满足农民社会生活需要，但并未获得法律认可的由农民自发组织起来的宗族以及各种会、社、团体等。综合农村社会组织的类型、目标和功能。目前，我国农村社会组织主要有政治组织、村民（居民）自治组织、经济组织、事业组织、群团组织和宗教组织等。

目前，农村社会组织面临着法律不健全、规模小、质量差、规范程度低、资源缺乏等问题，必须进一步加快形成政社分开、权责明确、依法自治的现代社会组织体制，从法律、政策、体制、资源投入和人才培训等方面加快农村社会组织建设和发展。

三、农村社区

农村社区是一个比自然村落、社队村组体制更具有弹性的制度平台，是农村居民生产、生活的主要活动场所，同时也有其特定的生活方式、文化观念及组织制度等。它具有地域广阔、居民聚居程度不高、以村或镇为活动中心、以从事农业为主等主要特点，注重通过整合资源、完善服务来提升人们的生活质量和凝聚力、认同感。2015年5月，中共中央办公厅、国务院办公厅印发《关于深入推进农村社区建设试点工作的指导意见》指出，农村社区是农村社会服务管理的基本单元。要加强农村社区建设，有利于推动户籍居民和非户籍居民和谐相处，有利于促进政府行政管理、公共服务与农村居民自我管理、自我服务更好地衔接互动，有利于增强农村社区自治和服务功能，为农民幸福安康、农业可持续发展、农村和谐稳定奠定坚实基础。

农村社区是相对传统行政村和现代城市社区而言的，是指聚居在一定地域范围内的农村居民在农业生产方式基础上所组成的社会生活共同体。农村社区具有多元类型，从生产职能角度，可以划分为农村、林村、牧村、渔村等；从法定地位角度，可以划分为自然村和建制村；从形态角度，可以划分为集村型、散村型。另外，根据发展的时间顺序和居民点分布的状况，农村社区可分为散村、集村、集镇等类型。

（一）农村社区的特点

相较城市社区，农村社区有如下特点。

（1）有较广阔的地域，对自然生态环境的依存性更强。农业的主要生产资料是土地及其附属物，国土面积中不适合人口居住的大量的山地、水域也主要分布在农村，因此，让农村社区有较广阔的地域，有比城市更为优越的生态环境。生态环境对农村的生产与农民的生活有着直接影响，农业生产对生态环境的依赖性较强。如果破坏了植被、森林，就会导致水土流失，影响气候，导致自然灾害，造成农作物减产等。

（2）人口密度小，经济、文化、技术相对落后。农村社区地域较广，人口密度相对城市社区小。由于历史及我国在经济社会发展过程中呈现的城乡二元化等原因，农村经济结构单一，教育、文化、科技发展水平较低，卫生事业不发达，经济、文化、技术相对落后，教育普及程度没有城市高，先进科学技术的普及和应用程度也较城市低。

（3）人口的职业简单，血缘、地缘关系较密切。农村社区是在原始农业的基础上发展起来的，由于自然经济长期占统治地位，农村居民同质性较强，所从事的职业以广义农业为主，人际关系尚未摆脱血缘、地缘关系的束缚。近年来，农村社区的产业结构发生了重大变化，农业劳动力逐渐向非农产业转移，第二三产业有所发展，以血缘关系为核心的格局正在变得多元化、合理化，亲属之间关系的亲疏越来越取决于他们在生产经营中相互合作的有效和互惠的支持。

（4）生活方式简单，传统文化影响较大。农村居民在文化、教育、体育、娱乐等不够发达的情况下，闲暇生活比较单调，时间观念不强，生活节奏较慢；个人消费品结构较单一，消费水平不高；对政治生活兴趣不浓，参政意识比较淡薄。由于长期受自然经济生产方式的影响，农村居民比较迷信保守，地域观念、乡土观念较浓，求稳怕乱，对传统文化的固守意识较强。

（5）家庭功能突出，对成员的社会化影响明显。农村家庭不仅担负着生育、赡养、消费、教育、娱乐等功能，而且还是农业生产的最基本单位和农村组织的主要构成单位，因此，农村社区家庭对成员的社会化作用非常明显。同时，在农村社会生活中，个人往往以家庭成员的身份参加组织活动，社区组织在其活动过程中也往往把家庭视作接受任务的单位。可以说，家庭是农村组织的基本构成单位。

（6）社会组织简单，行为制约主要依靠传统规范。在一般传统农村社区中，习俗组织（如宗族、宗教、帮会组织）较多而法定组织较少，现代科层制组织尚不发达，习俗组织的影响力较大，社会成员的行为制约也主要依靠传统规范。社会问题也不如城市复杂、集中和突出，犯罪率较低。但近年来，随着农村社区的发展，社会组织得到了一定发展，社会成员的行为规范也逐渐倚重国家法律法规。

（二）我国农村社区建设的发展历程

在我国，由于"农村社区建设"提出的时间比城市社区建设要晚，从某种意义上看，农村社区建设是在农村社会"移植和嵌入"城市社区化的管理和服务模式。因此，农村社区建设的推进和城市社区建设一样，从开展社区服务开始，并且从试点逐渐铺开。目前，我国农村社区建设总体上还处于试验阶段，大致可以分为以下三个阶段。

第一，农村社区建设思路初步形成及初步试点阶段。2003年10月，《关于完善社会主义市场经济体制若干问题的决定》明确提出，加强"农村社区服务""农村社区保障""城乡社区自我管理、自我服务"等方面的要求。2006年7月，民政部党组，第一次向民政系统提出了"开展农村社区建设试点"的要求。2006年9月，民政部下发《关于做好农村社区建设试点工作推进社会主义新农村建设的通知》（民函〔2006〕288号），对试点工作进行了部署。山东、江苏、浙江、天津、广东、福建、安徽、湖北、青海、上海等省（自治区、直辖市）结合各自的特色，因地制宜地开展了试点工作。

第二，农村社区建设战略部署正式提出及试点扩大阶段。2006年10月，在党的十六届六中全会通过的《关于构建社会主义和谐社会若干重要问题的决定》中首次完整地提出了"农村社区建设"这一命题，并明确将城乡社区建设作为构建社会主义和谐社会的一个重大战略部署，该决定提出要"全面开展城市社区建设，积极推进农村社区建设，健全新型社区管理和服务体制，把社区建设成为管理有序、服务完善、文明祥和的社会生活共同体"。2006年11月，国务院又对如何实施农村社区建设提出了明确要求，即在农村社区建设过程中"整合社区资源，推进农村志愿服务活动，逐步建立与社会主义市场经济体制相适应的农村基层管理体制、运行机制和服务体系，全面提升农村社区功能，努力建设富裕、文明、民主、和谐的新型农村社区"。2007年3月，民政部印发《全国农村社区建设实验县（市、区）工作实施方案》（民函〔2007〕79号），并先后批复了304个"全国农村社区建设实验县（市、区）"。

第三，农村社区建设试验走向深入阶段。2009年3月，民政部印发《关于开展"农村社区建设实验全覆盖"创建活动的通知》（民发〔2009〕27号）要求，巩固农村社区建设实验工作的阶段性成果，推动各个层面确定的农村社区建设实验单位尽快实现实验工作全覆盖。2009年7月，民政部印发《关于命名首批"全国农村社区建设实验全覆盖示范单位"的决定》，命名江苏省海门市、江苏省张家港市、浙江省嘉兴市南湖区、浙江省平湖市、山东省诸城市、山东省青岛市黄岛区、甘肃省阿克塞哈萨克族自治县等七个县（市、区）为首批"全国农村社区建设实验全覆盖示范单位"。2010年10月，党的十七届五中全会提出"加强农村基础设施建设和公共服务""强化城乡社区自治和服务功能"的新要求，要求城乡社区在加强和创新基层社会管理过程中发挥重要作用。2011年12月，国务院办公厅公布《社区服务体系建设规划（2011—2015年）》，将"农村社区服务试点工作有序推进"作为"十二五"期间我国社区服务体系的重要发展目标。2012年11月，党的十八大提出要"加强基层社会管理和服务体系建设，增强城乡社区服务功能""强化农村、城市社区党组织建设""在城乡社区治理、基层公共事务和公益事业中实行群众自我管理、自我服务、自我教育、自我监督"。2013年11月，《中共中央关于全面深化改革若干重大问题的决定》提出，统筹城乡基础设施建设和社区建设，推进城乡基本公共服务均等化。2017年10月，党的十九大提出"实施乡村振兴战略"，要按照"产业兴旺、生态宜居、乡风文明、治理有效、生活富裕"的总要求，建立健全城乡融合发展体制机制和政策体系，加快推进农业农村现代化；加强农村基层基础工作，健全自治、法治、德治相结合的乡村治理体系；加强社区治理体系建设，推动社会治理重心向基层下移，发挥社会组织作用，实现政府治理和社会调节、居民自治良性互动。

（三）我国农村社区建设的主要模式

当前，我国农村社区建设还处于探索阶段，各种模式不但没有完全定型，而且可以从不同角度做不同的归纳。例如，从农村社区体制改革角度，可分为村落自组织型、村企主导型、联村建社型等模式；从政府和社区之间权能关系的角度，可分为行政主导型、合作型和自治型模式。另外，按照社区的形成过程和总体形态，还可以将农村社区建设划分为"一村一社区""多村一社区""一村多社区"和"集中建社区"四种模式。

1."一村一社区"模式

以现有的行政村为单位设置农村社区，一个行政村建一个农村社区。在村里设立社区综合服务中心，有的还在村民小组或自然村建立服务站或代办点，在不改变村民自治架构的情况下建立健全农村社区管理和服务体系。目前，全国有76%的县、市、区采用这种模式。

这一模式之所以被全国多数实验、县、市、区采用，在于其具有以下优势：第一，不增加管理层和管理成本。由于服务中心建在村委会层面，人员配备和使用与村干部相结合,农村社区和村委会都是一个班子、一套人马,变化的只是服务的内容、方式、形式等。第二,理顺了农村社区和村委会之间的关系。避免农村社区和村委会两张皮,以及有资源时相互争夺、遇到问题时相互推诿的现象发生。第三,便于广大村民认同和接受。经过多年的运行,村委会体制已经深入人心,被普遍认同和接受,村民遇到事情都习惯找村委会。如果在村委会之外,又建立了一套社区系统,不符合农村老百姓的行为习惯。第四,直接以行政村为单位建立社区,便于农村社区范围的划分和具体操作。

当然,"一村一社区"模式也存在弊端。第一,自然村落过多的村难以选定村域中心。在高原、丘陵、山区地区,一个行政村不但管辖几个自然村,而且自然村落之间距离较远,采取"一村一社区"模式会给农村社区开展各项服务活动带来困难。第二,对一些常住人口较少、资源匮乏的"空心村",每个村建一个社区综合服务中心,资源利用率较低。

2. "多村一社区"模式

按照地域相近、规模适度、有利于集约配置公共资源的原则,把两个或两个以上的建制村规划为一个社区,在社区层面设立协调议事机构。每个社区确定一个中心村,在中心村设立社区服务中心,为社区范围内的各村村民提供服务。社区服务中心只是服务机构,与行政村既没有隶属关系,也不干预村里工作。在这种模式下,农村社区是外在于各个行政村的,其与村、户的关系结构是"农村社区—村委会—农户"。目前,全国约有15%的县市区实行"多村一社区"模式,"多村一社区"模式的特点是社区服务中心的服务半径超出了单个行政村,一般掌握在2000~3000米、涵盖5~6个村、辐射1500~2000户居民。实行这种模式的目的是较好地整合村镇资源,克服服务半径过大导致服务水平低下或服务半径过小导致公共服务成本过高,以致最终难以长久运行的问题。"多村一社区"模式的优势在于财力投入少而集中,政府的公共产品和服务供给相对集中,可以避免资源分散和重复建设,从而提高资源的有效利用率。

但在实践过程中,这种模式也存在一些明显的弊端。第一,社区服务中心容易演化为乡镇街道的派出机构,相当于又增加了一级行政组织和一道管理层,形成了"乡镇街道—农村社区—村委会"的管理格局。另外,这种模式还会成为乡镇街道体制改革分流乡镇机关工作人员回流的一个渠道。过去,乡镇街道的"七站八所"变成了今天农村社区的"一厅八站"(综合服务大厅及医疗卫生站、社区警务站、灾害应急站、社区环卫站、文化体育站、计划生育站、社会保障站、社区志愿者服务站室），增加了管理成本。第二，弱化了村委会的功能和权威。这种农村社区建立后，政府的公共服务资源不再向村一级倾斜，而多集中在社区层面，村委会的职能和威信等受到削弱，很难得到本村村民的拥护。

3."一村多社区"模式

在自然村的基础上建立社区，即将一个行政村下属的多个自然村分别建成一个社区，不改变与行政村之间的关系，主要依靠社区内的志愿群体开展社区建设。在这种模式下，农村社区是村委会下的一个组织单元，其组织架构是"村委会—农村社区—农户"。目前，全国约有7%的县、市、区实行这种模式。这种模式将共同体理念引入乡村治理中，并以社区体制重新构造农村微观组织体系。

"一村多社区"模式的优势在于：第一，发挥民间力量参与公共事务，通过建立村落社区组织，开展村落社区公益事业服务，发展村落社区卫生、繁荣村落社区文化，美化村落社区环境，调解村落社区民间纠纷，倡导村落社区互助精神，树立村落社区良好社会风气，建立良好的人际关系，有利于提高社区居民民主决策、民主管理、民主监督的自治能力。第二，社区范围不但小，而且社区成员之间具有相同的风俗习惯、相似的价值观念、千丝万缕的利益联系以及天然的亲密关系和频繁的互动，有利于形成真正的社会生活共同体。

"一村多社区"模式也存在一定的局限性。第一，有限的公共资源要分散到各个小型社区，不利于资源的有效整合，难以建立具有一定规模和体系的服务设施。第二，过于依赖"五老"（老党员、老干部、老劳模、老教师、老复员军人）的奉献精神，难以具有持续性。第三，社区理事会不是独立的法人单位、行动能力有限，同时，由于社区规模太小，无法提供真正有质量的公共服务。

4."集中建社区"模式

"集中建社区"模式也被称为"集聚型社区"模式，通过把分散居住的农村居民集中到新规划建立的居民小区中，并在此基础上设立"社区"。在城近郊区、乡镇驻地以及一些经济发达、城乡一体化程度高的地区，这种模式比较普遍。虽然各地方政府推行这一模式主要是为了在"18亿亩耕地红线"这一严格约束之下，用农民宅基地置换更多的建设用地指标，但其对提高农村社区的公共服务水平是有帮助的。因为长期以来，不少地方农民居住分散，导致路网、水网等公共基础设施缺乏统一规划，如占地投入较多、农村环境污染较为严重、村内公共设施严重不配套等，虽然各级财政投入大量资金，但效益难以体现。而对解决"空心村"的公共服务难题，这一模式也有显著的效果。这一模式的局限性也同样比较明显，主要体现为：第一，在不少地方的实践中，这种"集中建社区"演变为"赶农民上楼"，不少农民有"被社区化"的感觉。有些农民习惯了自由、散居的居住和生活方式，其对单元楼式的集居方式不习惯，甚至有排斥心理。第二，不少地方仅仅将农民集中起来居住，而没有提供相应的工作机会和生活保障，使农民的生活成本大大提高，甚至要走很远的路回原村从事农业生产。第三，相对以前的村落模式，在这种新的社区中，居民之间缺乏情感交流和共同体认同。另外，不少农村因在"转居"过程中，集体资产没有处理好，而导致错综复杂的利益冲突。

总之，我国的农村社区的发展还处于起步阶段，各种模式都还不成熟，每一种模式都各有利弊。各地区在开展农村社区建设的过程中，一定要根据本地人口结构、风俗文化、服务半径以及产业发展特点等因素，因地制宜，探索出符合本地特色、能够最有效实现公共产品供给的模式。

第二节　近代中国农村社会结构演变

近代农村在现代化过程中不但处于被剥离的地位，而且受到这个过程的吞噬。政治生活的无序，畸形的商品化，农村社会结构的恶化，农民的普遍贫困化，都使我国农村的现代化进程被纳入一条激进变革的轨道。

一、中国农村结构的恶化

从清末到民国初的二十几年，是我国农村现代化进程中一个关键的时期。农民在这个现代化进程中基本上被排除在视野之外，农村成为我国社会动荡变化的主要场所。现代化方向的社会变革，使我国农村加速破败，极大地延缓我国农村现代化的进程。

我国农民家庭在二十世纪二三十年代，平均年收入多在200~300元。20世纪初，我国农民的贫困化是普遍性的，即使是农村中的富户，生活水平也很低。这种情况使存心安分守己的农民感到无所适从。

二、教育变革与乡村精英的痞化

（一）新旧教育转轨产生乡村误导

清朝的最后几年，在官方的倡导下，废科举兴学堂的热潮涌起。但农村读书人并不清楚这一兴一废的差别：科举更多的是一种官吏选择制度，兴办学堂则是以新式教育取代传统教育体制。他们认为学堂仅仅是科举的替代，尤其是清廷制定了《学堂奖励章程》，对学堂毕业生，按等级和成绩给予从生员、贡生、举人和进士的科举虚衔的奖励，从而强化了农村读书人的这种误解。科举制度本身是传统政治制度中一种人才选拔制度，但其弊病在于：一是将选官制度与学校体系绑在一起，将学校教育牢牢地束缚在从政这根独木桥上，极大地妨碍了学校教育向为社会服务的方向发展；二是自明清以来，科举考试的内容被限定在僵化地阐发四书的八股文上，既不能把全国优秀人才选拔到官僚体系中来，又限制了学校教育的多学科发展。清朝推行废科举兴学堂的新政，并没有十分明确地意识到科举制度的弊病所在，这点在学校教育制度的改革中存在着明显的误导，等于暗示这是某种新的、看上去更为宽松的科举制。然而，恰是这种"新科举"的改革误导，对农民思想带来了巨大的影响。

（二）读书人离乡的潮涌与乡村的文化沙漠

1. 学生结构的影响

传统的科举制以及附着其上的学校体系，原本的意义就是一般士人通向仕途的一个阶梯。在农村士人眼里，既然朝廷要改换阶梯，他们自然就应该转身跟上。对规模最为庞大的底层士人——童生而言，他们惊奇地发现，现在的这个阶梯比从前宽得多。从前秀才的名额实在有限，每省每年超不过两千，白丁想要"进学"，三场大考，皮都要掉一层，有些人即使考到胡子白了也混不上个方头巾戴（中秀才）。而眼下，无论是官办还是民办官方承认的小学堂，只要你有点钱，如果想"进学"就可以"进学"，所以，学生们成为办学热的最易燃的薪柴。到1908年，全国中小学生总数达到1281908人，其中，小学生为1149710人，占总数的近90%，而其他的中学、师范以及专门学校学生加在一起，不过132198人，仅占10%，小学大多被成年人所占据，学生们涌进了新学堂。

2. 办学资源的限制

兴办新式学堂和旧式教育不同，其教育成本是比较高的。过去私塾，有位先生、有间房子再加上文房四宝就可以开办了，然而新式学堂要教声、光、化、电和外语，就是小学也要教数学、自然和体操。别的不说，当时光是教师就缺得厉害，所以那时不少中学和同等学堂都请外国的教习——主要是日本教习，有条件的小学甚至幼儿园都有请日本教习的。只有办在都市的学堂，才更容易获得办学的必要条件。虽然在废科举之初，全国一拥而上，大办学堂，但有些也办在乡村。经过淘汰之后，真正立得住的，绝大多数还是在城里办的学堂，无论是高等、中等还是小学概莫能外。

就这样，在教育体制的转轨过程中，乡村的读书人纷纷离去，有钱的出国留学，有的进入都市，还有的去了城镇，实在没有钱而想继续读书的，就进了新军，南方新军能读书识字者占多数。

3. 私塾教育的没落

由于原来的乡村私塾不再可能与仕途的阶梯接轨，导致乡村的私塾纷纷关门，人走得越多，剩下的乡塾就越不景气。而普通农民大多没有能力让子女进新学堂，所以，农家子弟连从前能得到的识字教育也没有了，这使农村社会的整体文化水平陡然下降。在后来的军阀割据时期，读书人离乡的趋势依旧不减。新的教育制度产生了使优秀人才离开农村的巨大推力，即使由于家境不富裕的缘故读不到毕业的人，流往城市的趋向也比一般老百姓大得多。

第三节　中华人民共和国成立初期农村社会阶层的分化

中华人民共和国成立后，随着农村经济在土地改革基础上的迅速恢复和发展，农村社会很快发生了分化。实行土地改革政策后，农村经济的恢复与发展引起了农民中不同阶层的经济状况和经营方式的变化，这种变化导致农村中各社会阶层的分化：中农化趋势和在一定范围内的贫富差异现象。在各个阶层的分化过程中，富裕中农上升为新富农的数量很少，新富农在整个农户中的比重不但很低，而且许多新富农本身的剥削成分很弱，从本质上讲他们还是富裕中农，而富裕中农主要是靠自己辛勤劳动逐步富裕起来的，这在当时对发展农业生产是有利的。从社会学的角度来看，社会发展过程中产生适度的、积极的分化能促进经济的发展。

一、中华人民共和国成立初期农村社会的分化

中华人民共和国成立初期，由于农业生产力水平还很低下，农村社会在经济发展和农民生活水平普遍上升的基础上开始分化。

（一）互助组织分化

中华人民共和国成立初期，随着农村经济的恢复建立在生产资料私有制基础上的、以人力和畜力的互换互助为主要内容的集体劳动组织出现了新的变化。一方面，许多互助组涣散了，常年互助组变成临时互助组，而有些临时互助组散伙了；另一方面，少数先进的互助组依靠劳动积累建立了公积金制度，实行了在一定范围内的按劳分配，并提高到了初级农业生产合作社的阶段。

（二）贫富分化

经过土地改革，农村的地主阶级被消灭，富农经济也受到很大冲击，贫、雇农都得到了土地，农村中各阶级、阶层掌握的生产资料差别不大。但在恢复和发展农村经济的过程中，很快又出现了新的贫富分化。一部分农民经济条件和生活水平上升，购买了新的生产工具，并开始雇工和放债，成为新的剥削者；另一部分农民因各种原因生活条件下降，有的开始出卖或出租土地、借债，甚至去做雇工，重新沦为被剥削者。

（三）思想分化

农村的思想分化表现在：一方面，生活水平上升的农民不愿加入互助组，对单干和旧式富农感兴趣，对被组织起来感到苦恼。由于害怕被编入互助组，他们宁愿把资金用于挥霍也不去购买生产资料进行扩大再生产。另一方面，经济条件差的农民积极要求互助，希望早一点进入社会主义。这主要是对社会主义制度认识不清或盲目的甚至是错误的认识所致，例如，认为进入社会主义或共产主义，欠别人的债务就不用还了，所有的财产都是大家共同所有等。

二、中华人民共和国成立初期农村社会分化的特点

截至1952年底土改结束，农村社会的分化呈现出分化范围不大、分化程度不深、整体趋向中农化、贫富差距拉开等趋势，对我国农业、农村发展起到了一定的积极作用。

（一）土地改革（以下简称"土改"）后农村社会分化呈现出中农化趋势

土改结束后，农村社会的分化主要存在中华人民共和国成立前已完成土地改革的老解放区的一些地方，新解放区的土地改革刚刚完成，分化还不明显。从分化的程度上看，分化主要是在新的条件下的农民阶级中产生的阶层分化。开始出卖或出租土地、借贷、做雇工者只占农村总户数的10%以下，其中，也并不都是生活水平下降的，有的属于对经济资源的合理调整和配置。当时农村社会分化所呈现的中农化趋势，就是指土改后中农的户数在农村总户数中的比重越来越大，中农成为农村中的最基本力量。

中农化趋势是以绝大多数农民经济地位的提高为前提的，经济地位的提高又是建立在农民个体经济发展的基础之上的。土改后，农民个体经济发展主要表现在三方面：第一，农民个体所有的生产资料和劳动力普遍增加。第二，农业生产规模不

断扩大。第三，农民生活水平日益上升。土改后，绝大多数农民的生产资料有所增加，相当一部分农户有了一定的扩大再生产的能力，农民的生活水平普遍得到提高。在此基础上，原来的贫、雇农开始增加，恢复到相当于土改前中农水平的农户越来越多，从而使中农的户数逐渐增加，较之土改前农村社会阶层结构，确实出现了中农化趋势。农村的中农化趋势表明，中农已经成为或正在成为农村的主要角色，他们的生产能力有了提高，不再是缺少这个那个的农户，而且有了耕畜和比较齐全的农具，因而可依靠自身的力量进行独立生产。这是一种进步，是一个巨大而又深刻的变化。一般来说，农村中的中农，劳力较多较强，生产资料比较齐全，对农活比较熟悉，经营能力比较强，这些是进一步发展农业和农村经济不可忽视的因素。

（二）一定范围内贫富差距的拉开

土改后，在农村趋向中农化的同时，一小部分经济上升较快的农户开始买地、雇工、扩大经营，而另一小部分农民因各种原因生活变得困难，他们则开始卖地、借债和受雇于人，农村中的贫富差距正在一部分农民中逐渐形成，这种贫富差距现象在当时被称为"两极分化"。

土改后，在以小农经济为基础的农村各个阶层的分化过程中，富裕中农上升为新富农的数量很少，新富农在整个农户中的比重不但很低，而且许多新富农本身的剥削成分很弱，从本质上讲他们还是富裕中农，而富裕中农主要是靠自己辛勤劳动逐步富裕起来的，这在当时对发展农业生产是有利的。同样，原中农下降为贫雇农的也是少数。因此，土改后我国农村即使出现了贫富分化，其状况也并非十分严重，其范围仅局限于一小部分农户，其过程也是缓慢的、渐进的，这种分化也不是资产阶级条件下那种简单的两极分化。马克思主义所指的"两极分化"是一种阶级分化，是以阶级剥削与被剥削为其内涵的，分化的最终结果是农民作为一个阶级已不复存在，而分化为纳入资本主义经济范畴的两个社会集团——农村无产阶级和农村资产阶级。而当时的所谓"两极分化"只是农村社会各阶层中贫富差异的反映。

（三）土改后农村社会中农化趋势的原因

造成土改后，农村中农化趋势的原因是多方面的。首先，当时农民个体经济适应土改后我国农村生产力水平。土改对生产力的解放效应是中农化的一个重要因素。其次，中华人民共和国成立初期国家对农民个体经济积极性的肯定和对富农经济采取限制政策，既有力防止和弱化了农村的两极分化，又加强了中农化的局面。最后，人民民主专政的政权为中农化趋势创造了有利的政治经济条件。正是在这样的社会经济基础上，土改后，我国农村社会阶层的变化呈现出在有限范围内的贫富分化和不断加强的中农化复杂的发展态势。

一是土地买卖情况。土改后，个体农民出卖和买进土地的范围较小、数量较少，其中有相当一部分是属于农民调剂性的土地买卖，而非土地兼并。由于土改时土地实行的是计口分田方法，它从公平角度来考虑按人口平分土地，而没有从生产要素配置角度来考虑每个家庭劳动力与土地占有量的搭配问题，因而形成了家庭劳力少而弱却占地多，而家庭劳力多又强却占地少的现象。因此，在土改后，农村恢复和发展生产特别是扩大再生产过程中，自然会产生土地关系局部调整的客观要求，这种土地关系的局部调整有利于生产的发展。此外，部分农民即使因生活困难而出卖少量土地，也未在根本上危及其生存。

二是土地租赁情况。在土改前的封建土地关系中，土地出租者主要是地主和富农，承租者则主要是无地或少地的贫、雇农。土改后情况发生了变化，出租土地者有相当一部分是原来的贫、雇农和烈军属等，而承租者有相当一部分是家庭劳动力富余的中农。土改后，各地农村出租的租佃关系与土地买卖关系相类似，主要发生在劳动群众之间，其租出和租入土地的数量较少，且大部分都属于农民间的相互调剂。这既避免了土地抛荒，又充分发挥了富余劳动力的潜力，总体上对发展农业生产是有益的。

三是雇工经营状况。土改后，各地农村出现的雇佣关系已不同于土改前地主与农民的雇佣关系，且雇长工的基本没有，无劳力和缺劳力户一般采用雇季节性、临时性的短工及换工形式，雇主的成分多数是劳动群众，雇工原因和性质也大多属于劳力的调剂、互助，因而雇主和雇工双方均受益。

四是民间借贷关系。在农村的借贷关系中，虽有一部分利率稍高的借贷，但比土改前大大降低了，且不是普遍现象，更何况大量的是属于群众间互通有无的互助借贷。在国家还无法提供更多资金帮助农民的情况下，这种民间借贷的融资方式能解决某些农民暂时的困难，甚至能帮助农民扩大再生产。

五是新富农和贫富两极情况。经过土改，富农的经济基础受到了很大的削弱，其占人口的比例已下降到3.6%。土改后，党对富农采取了限制和逐步消灭的政策，整个富农经济不仅没有发展起来，反而被逐年削弱。土改后，由于各个农户在生产资料、劳动力多寡和经营能力高低等方面的差异，他们在生产发展和生产水平上确实存在一定的差距，农民的贫富差距正在形成，有的地区表现得较为明显。但就全国而言，这一情况并不十分严重，那些先富起来的农民当时并不具备进行资本主义经营的条件，他们都是自食其力的劳动者，即使有轻微的非劳动收入，也都主要用于生产和生活，并非转化为资本来进行剥削。

第四节 改革开放以来我国农村社会的分化与发展

一、人口流动与城市化

农民是农业生产和农村社会的主体。改革开放以后，我国农民阶层在制度结构和市场机制的共同作用下出现了分化，不再是单一的同质性群体。农民分化的形式是职业分化，本质是经济分化。职业分化的研究以陆学艺的"八大阶层论"最具代表性，按照职业差别把我国农民群体分为农业劳动者、农民工、雇工、农村知识分子、个体劳动者和个体工商户、私营企业主、乡镇企业管理者、农村管理者八个阶层。农民经济分化的问题也被广泛研究，主要是根据收入标准、收入来源结构、经济与就业状况等对农民群体进行划分。1978 年以来，我国农民阶层主要发生过两次大的分化：第一次是在家庭承包制实施以后，农民以"离土不离乡，进厂不进城"形式为主向乡镇企业流动；第二次是在 20 世纪 80 年代后期至今，农民以"离土又离乡，进厂又进城"形式为主向城市流动。国家统计局数据显示，2016 年底，全国农民工总量达到 2.82 亿人。在"十二五"时期，我国城镇化率年均提高 1.23 个百分点，每年城镇人口增加 2000 万人。农民阶层快速分化，随之而来的是农村社会结构的深刻演变以及农村社会问题的日益复杂。

（一）计划经济体制时期的人口流动与反城市化

计划经济体制时期，我国实行重工业优先发展战略。为了实现这个战略，中国采用了城乡分割的户籍管理制度，从而使农村人口不能随意改变职业、身份与居住地。另外，优先发展重工业的战略，导致了产业结构的严重不合理，降低了在工业发展过程中不但吸纳农业劳动力的能力，而且为劳动力在产业和区域间的流动设置了障碍。这时期，中国人口流动受到严格控制，从而使城市化的发展处于停滞状态。1960—1980 年，我国城镇人口比重始终在 17%~19% 徘徊，到 1980 年仍只有 19.39%。可以说，这一阶段的人口流动偏离了人口流动与城市化发展的正常轨道和一般规律。不仅如此，在较长的一段时间里，实行的是反城市化战略，即大规模的城市人口流向农村，如典型的知识青年上山下乡、市民返乡与干部下放等。自 1968 年底到 1977 年，约有 1600 万城市青年被送往农村，同期还有数百万城市机关干部知识分子被下放到农村劳动。

（二）改革开放时期的人口流动与不足的城市化

改革开放后的人口流动可分为两个阶段：以20世纪90年代中期为分界线，90年代中期前主要是就地流动，90年代中期后主要是异地流动。

90年代中期前的就地流动是通过"离土不离乡"的方式来实现的。这种"离土不离乡"是通过发展乡镇企业为主体，以小城镇为依托的农村商品经济，农村人口有机会进厂进镇，在本地域内（县以下乡镇）的非农业就业，从而实现就地流动。这种流动方式吸收了大量的农村剩余劳动力，增加了农民收入，避免了由于大量的农村人口流向城市而造成的"城市病"，因此，在当时被称为"具有中国特色的农村剩余劳动力转移的一条新路"。但是，就地流动使相当一部分农村人口在农村内部消化，没有向大中城市流动，从而未能实现真正意义上的城市化。

90年代中期后的异地流动是通过"离土又离乡"的方式来实现的。这种"离土又离乡"随着城市工业的发展，农村人口逐步向城市流动，而被城市第二三产业所吸收。异地流动被学者称为"民工潮"，即大规模的农村人口跨地区流动，且数量多和方向集中。它有两个突出的特点：一是流动人口数量大。20世纪90年代中期，全国有8000万至1.2亿名农民处于流动状态。二是职业与身份的分离。身份是农民，但职业不再是单一从事农业，而是从事多种产业、行业，他们在经济、政治、社会与文化各方面与原住地农村有着紧密的联系。这种大规模的非正式的人口流动并没有带来真正意义上的人口城市化，即这种人户分离、职业与身份分离的人口流动并没有使农民顺利向城市市民转化。

二、人口流动与农村阶层分化

由于城市受到以户籍制度为基础的城乡分割的二元制度的保护，城市社会结构对流动人口来说始终是比较封闭的，人口流动并未分化城市社会阶层结构，反而，激烈地分化着农村社会阶层结构。

（一）改革开放前传统农村社会的封闭性

传统农村社会是被血缘与地缘所封闭的社会。一方面，土地集体化形成了传统农村社会结构的封闭性。在传统农村社会中，农民以土地为生，土地是农民的"衣食父母"，农民与土地捆在一起。费孝通指出："直接靠农业来谋生的人是粘着在土地上的。""以农为生的人，世代定居是常态，迁移是变态。"农村社会分层也主要以"土地"为变量来划分，即根据对土地占有关系的不同而划分为不同的社会阶级、阶层，如地主、自耕农、佃农等。中华人民共和国成立后，农村人口根据对土地占有关系的不同划分为不同阶级、阶层，在土地改革过程中，特别是在土地集体化后这样的划分方式逐渐消失了。土地的集体所有、集体经营和平均分配制度，使农村人口有着很高的同质性，并处在"利益无差别"的状态。农民附着在土地上且随着土地的集体化，农民依据土地占有关系而划分阶层的现象逐渐消失，是一种"去阶层化"现象。另一方面，社会流动阻塞导致传统农村社会结构的封闭。改革前，农村社会垂直流动很少，甚至是静止的，人口流动量小。20世纪70年代，就整个中国来说，流动率大约在3%。由于当时的各种制度限制了人口流动，特别是限制农村人口向城市的流动，农村社会流动阻塞，不管是代际流动还是代内流动的流动率都很低。整个农村社会结构简单，内部成分同质化，他们都是人民公社的社员，当然也就没有社会分层的现象存在。

（二）改革开放后的人口流动冲破了传统农村社会的封闭管理

改革开放后，人口流动摆脱了改革前沉寂的局面，以前所未有的规模和速度在全国展开。以20世纪90年代中期为分界线，将改革开放后的人口流动划分为两个阶段。

1. 20世纪80年代的人口流动促进了农村社会的分化

在农村人口能够相对自由流动且自主择业的情况下，农村分化体现在以农民分化为基础、以市场为机制、以职业为基础上。人口的流动促使社会资源在具有不同的把握市场能力的人之间重新分配，导致他们的社会经济地位的差别。但是，农民分化仍受到户籍身份的制约，他们社会地位的获得仍受到以户籍身份制为依据评价标准的影响。人口流动与户籍制度相互作用，导致了有中国特色的农村阶层的分化。陆学艺将农村社会划分为八大阶层：农业劳动者、农民工、雇工、农村知识分子、个体劳动者、个体工商户、私营企业主、乡镇企业管理者、农村管理者阶层。

人口流动是在二元社会经济体制仍在起作用的背景下进行的，导致人口的职业流动与分化极不稳定，虽然人口流动促进了农村阶层的分化，但是其阶层结构不是很合理，呈金字塔形。1989年，农业劳动者阶层和农民工阶层比重过大，超过83%；而农村知识分子阶层、个体劳动者个体工商户阶层、私营企业主阶层、乡镇企业管理者阶层与农村管理者阶层则低于17%。

2. 20世纪90年代的人口流动进一步促进了农村社会的分化

这一时期人口流动的特点是：人口流动速度增长快，年均增幅均在10%以上。因为这一时期和上一个时期人口的流动规模、方式与特征都有所不同，对农村社会结构的影响也就不同。这一时期的人口流动对农村社会分化的影响主要如下：

（1）中国农村社会阶层比例的增减。农业劳动者的比例由1989年的55%~57%下降到1999年的46%~50%；而农民工阶层增长最快，从1989年的28%增加到1999年的32%~35%，其次是私营企业主阶层增长得比较快。

（2）农村各阶层的社会地位发生了变化。①农业劳动者的社会地位在下降；②农民工的社会地位在下降；③农村知识分子的社会地位没有太大的变化，农村知识分子人数增长不多，社会经济地位及评价没有太大的变化；④个体劳动者、个体工商户的社会经济地位在上升；⑤私营企业主的社会地位上升较快，私营企业主阶层是改革开放后出现的发展较快的新兴阶层，且已经进入农村社会阶层的上层；⑥乡镇企业管理者的社会地位基本不变；⑦农村管理者的社会地位评价较以前复杂。

（3）农业劳动者阶层是我国社会最大的社会流动与分化的母体。改革开放后，从农业劳动者中转移到其他阶层的成员大量增加，农业劳动者在全国就业人口中的比重大幅下降。1978—1999年，农业劳动者在全国就业人口的比重从67.4%下降到44.0%。从农业劳动者的代内流出率看，有73.4%现职仍是初职的农业劳动者，有26.6%转向其他阶层。而从农业劳动者的代内流入率看，现在是农业劳动者的人中有91.5%初职就是农民，有4.1%来自工人，其余阶层流入的比例很小，优势阶层几乎没有人流入农业劳动者阶层。改革开放后，人口流动及其带来的社会流动，导致我国农村社会的分化，使我国的农村社会结构不再单一化而趋向复杂化，打破了改革前传统的中国农村封闭性。

三、改革开放以来我国农民阶层分化的特点

（一）多元性

多元性是我国农民阶层分化最基本的特点。改革开放初期，家庭承包制的实施，解放了农村劳动力，获得经营自主权的农民生产积极性高涨，农村劳动力剩余凸显，迫切需要向非农业转移。此后，乡镇企业异军突起，人口迁移限制政策松动，市场化用工制度和多种所有制企业形式被采用，使我国农民阶层空前浩荡地由农业向非农产业转移，由农村向城镇扩散，逐步形成了农民阶层在职业属性和收入来源上的多元化特征。这种特征主要体现为职业属性和收入来源的多元化。

（二）不彻底性

我国农民阶层的分化并非一次性到位，而是分阶段逐步推进；以职业为基础的分化并没有完全实现，兼业化现象十分普遍；进城农民多数没能转为城市居民，而是奔波于城乡之间，被称为"农民工"。这些构成了我国农民阶层分化的不彻底性特征，

具体体现在如下三方面：

第一，分化阶段的过渡性。我国农民的分化过程包括职业转移、地域迁移和身份变更三个环节，这三个环节顺次展开、依序递进。城乡二元体制改革滞后，我国农民分化的阶段过渡充满艰辛。例如，部分农民进城后找不到工作或者就业不稳定，经常流动，频繁更业，使他们无法顺利地完成职业转移；多数进城农民无力在城市购买住房或无力支付昂贵的房租，只能居住在城乡接合部，居住环境甚至比农村差，进城农民并没有真正完成生活空间的地域迁移；由于从事职业、居住环境、生活质量以及人力资本等方面的负面特征，进城农民被边缘化，饱受歧视和不公正待遇，缺乏社会认同，社会身份变更困难重重。

第二，分化职业的不稳定性。我国农村社会分工水平较低，非农就业机会仍显不足，农民非农化的职业分化还没有达到比较稳定的程度，兼业化现象十分普遍。多数农民农忙时参加农业劳动，农闲时参加非农劳动。随着农业劳动生产率的提高，农民参加非农化劳动的时间较过去已明显增多。有的农民外出务工经商多年，由于考虑到非农职业的不稳定性，仍然在农村保留土地承包经营权，增加从事非农化职业的保险系数。

第三，分化身份的不完全性。完成职业转移的农民尚未完全切断与传统农民的身份联系。例如，已从土地中解放出来，在其他经济单位从业的农民，在户籍所在村凭"成员权"资格坐享一份集体经济收益；相当一部分非农劳动者保留着承包地，以各种方式从事部分农业劳动，进城就业的农民工，户籍仍然在农村，没有被城市完全接纳，有的农民即使早已不务农，甚至没有土地，但依然是农民身份，未能完成市民化转变。

（三）非均衡性

由于我国地区之间、城乡之间的经济发展水平存在差异，以及农民分化的多元性特点，导致农民分化呈现出非均衡发展的特征。

1. 分化的区域非均衡

（1）农民分化程度在地域上呈现差异。我国经济发展的地区差异明显，东部地区发达，是吸纳中西部农村剩余劳动力的重要载体，中、西部地区相对落后，成为非农劳动力的输出地，农民阶层的分化程度呈现出由东向西依次渐弱的局面。

（2）农民分化所从事的非农产业在地域上呈现差异。如西部地区制造业、建筑业的流动人口分布比例明显高于东、中部地区；东部地区批发零售业、社会服务业等第三产业流动人口的分布比例高于中、西部地区。

（3）农民分化后的收入分配在地域上呈现差异，东部地区人均月工资高于中、西部地区。

2. 分化的城乡非均衡

（1）农民分化后城乡收入差距依然扩大。1978—2016年，我国农村居民人均可支配收入从133.6元增长至12363元，增长了92.6倍；城镇居民人均可支配收入从343.4元增长至33616元，增长了97.9倍；城乡收入比从2.6:1上升到2.7:1，收入差距悬殊。

（2）农民分化后城乡收入差距呈现地域性。2016年国家统计局数据显示，全国居民人均可支配收入23821元，在统计的28个省份中，有9个省份的城乡收入比大于2.72的全国平均水平，城乡差距较大。这些省份全部位于西部，尤其是贵州、云南、青海、陕西的城乡收入比都超过了3倍，其中，贵州高达3.31，成为全国城乡差距最大的省份。

3. 分化的内部非均衡

（1）分化农民在收入水平上呈现差异。城区农户劳均纯收入最高，兼业农户次之，纯农户最少；从低收入户到高收入户，消费占收入的比重呈递减趋势。

（2）农民工在不同行业和不同地区的收入水平呈现差异。从行业来看，住宿餐饮业、社会服务业以及制造业农民工的人均月收入水平较低，金融保险地产业、仓储与交通运输业和电煤水生产供应业农民工的人均月收入水平较高；从地区来看，东部地区农民工人均月收入高于中、西部地区。

四、我国农民阶层分化的发展趋势

（一）农民工阶层固化

农民工是在城镇从事非农劳动，主要依靠工资收入生活的农村户籍劳动力。第二三产业的蓬勃发展和对更高收入的追求，促使大量农民离土离乡进入城镇就业，但他们不能享受附着在城镇户口上的各种经济社会权利，"亦工亦农、亦城亦乡"的农民工成为我国社会结构中一个独立的阶层。随着城市化和工业化的不断推进，农民工群体的规模将不断扩大。国家统计局从2008年底起建立了农民工统计监测调查制度，据统计数据显示，2008—2011年，全国农民工总量从22542万人上升到25278万人，年均增长率为3.9%，2011年后开始回落。2012—2016年，全国农民工总量从26261万人增加到28171万人，但增长率从3.9%下降到1.5%，年均增长率为2.2%。在农民工规模不断扩大的同时，农民工内部出现代际更替，"新生代农民工"逐渐成为农民工阶层的主体,并在整个社会中发挥着越来越大的作用。据国家统计局《2016年农民工监测调查报告》数据显示,2016年,新生代农民工已成为农民工的主体,占全国农民工总量的49.7%。此外,新生代农民工在择业时,比较注重工作环境和职业前景,另据调查显示,近90%的新生代农民工没有从事过农业生产。这从另一个侧面反映出,随着农民工内部代际更替,农民工阶层会越来越脱离农村和农业,越来越融入城市和非农产业。

（二）进城农民市民化

由于城乡二元制度改革滞后,农民工仍是农民"身份",没有真正转为市民。然而,农民分化的过程是要最终实现其社会身份的彻底改变,因此,农民工阶层的沉淀只是农民分化过程中的一个阶段,进城农民的市民化是今后的主要发展趋势。我国的基本国情是农村人多地少,农村人地关系的高度紧张制约了农民收入的增长及农村经济和社会的发展。如果农民工不能市民化,就无法从根本上改变农村人地关系高度紧张的局面。

当前,我国已进入城乡融合发展的新时期,农村剩余劳动力转移的主题不再仅仅是帮助农民就业和增收,或者保护农民工权益,而是农村剩余劳动力及其家人进城后享有与城市居民同等的经济和社会权利,即成为真正的市民。推动进城农民市民化,实现农村剩余劳动力向城镇转移,能够有效缓解农村人多地少的矛盾。另外,据国务院发展研究中心课题组（2010年）的一项研究结果显示,每年市民化1000万人口（700万农民工加上其抚养人口）,可使经济增长速度提高约1个百分点,对于推动经济增长具有重要意义。按照《国家新型城镇化规划（2014—2020年）》目标,从2014年到2020年,我国预期人口城镇化率为60%,年均增长率也仅为0.87个百分点。照此测算,每年新增城市人口预计将保持在1500万人左右,到2020年,我国城镇人口将超过8亿人,农民的市民化进程任重而道远。

农民阶层分化是我国农村社会转型的必然趋势,但在分化过程中存在的一些问题也不容忽视。例如,职业和收入来源的多元化拉大了农民之间的收入差距,增加了农民内部的不平等程度;职业不稳定及社会身份的不完全,不可避免地涉及社会冲突和整合问题;农民内部阶层的多元化和复杂性,使他们的利益诉求不一致,从而导致他们对农村社会建设产生消极影响;大量农民外出进城打工,进而产生严重的"空心村"现象和空巢家庭问题等,这些都需要在推进农村社会建设中加以考虑和探索解决。

五、农村社会家庭的分化

家庭是农村社会的基本单元,家庭的经济状况和生活质量直接影响农村社会的稳定与和谐。大规模的农村人口流动在促进农民阶层分化的同时,也在推动着农村家庭的急剧变化。近年来,农村人口大规模地向外流动,改善了家庭的经济状况,但也带来家庭结构缺损、家庭成员地位变化、家庭功能弱化、家庭矛盾增多等一系列问题,影响着家庭人员的生活,同时也给社会管理带来一些新的问题。根据我国科学院农业政策研究中心 2008 年对农村家庭规模、职业、受教育状况、家庭收入和消费等方面的调研情况,可以把我国目前农村社会家庭分为以下六类。

(一)农村企业家家庭

这类家庭所占的比例为 0.84%。一般有两种情形:其一,立足本地的特色产业发展与之相关的企业;其二,利用外出打工获得的新知识、新技能和资金积累,创办工商业企业。这类家庭的非农劳动力比例较高,主要从事自有企业的生产、经营活动。家庭户主的受教育程度平均受教育年限超过八年,一般为典型的四口之家,收入主要来自自办企业,家庭消费支出远远超过了其他类型家庭。

(二)个体工商户家庭

这类家庭所占的比例为 9.97%。从收入构成上看,这类家庭的收入主要来自非农收入和其他收入,较大部分的非农业收入来自自营的工商企业;在其他收入中,出租土地的收入占了相当大的比例。这类家庭往往位于工商业较发达的地区,由于自身从事个体工商业,且从事农业劳动的机会成本较高,因而不少家庭将承包土地出租,以得到一定的租金收入。

(三)种养大户家庭

这类家庭所占的比例为 10.77%。这类家庭的总收入中超过一半的收入来自农业。区别于传统农业家庭,这类家庭一般承包其他外出打工者的土地,以提高种植的规模化程度。另外,也有些家庭种植经济作物或者从事养殖业,以提高农业生产效益。由于这类家庭经营的土地较多,因此,其得到的农业补贴较多,其他收入也就较高。

(四)外出打工家庭

外出打工家庭可以分为外出打工收入较高和较低家庭两类。外出打工收入较高家庭所占比例为 13.5%。这类家庭人口规模较大,平均有 6.12 人,家庭劳动力多,平均有劳动力 4.46 人。这类家庭是典型的打工家庭,成员外出打工达到 81%。他们中虽然也有在外从事个体工商业经营的,但是所占比例并不高,经营规模并不大。此类家庭在城市的生活消费支出在其总生活消费支出中占有较大比例。外出打工收入较低家庭所占比例为20.10%。与前者相比,从家庭规模上看,家庭人口数、劳动力人数分别少了31.37%和37.21%;从人均纯收入看,不到前者的一半。两类家庭户主的平均受教育程度大致相同,人均纯收入方面的差距主要是由工作技能、信息网络的不同所致。

（五）传统农业家庭

这类家庭所占的比例为22.78%。这类家庭农业收入相对较高,而非农业收入相对较低。无论是户主特征和家庭人口特征,还是劳动力总数和非农劳动力数量,此类家庭与种养大户家庭都比较类似,但其家庭收入却不足后者的1/3。在所有收入中,两者在非农收入方面的差距不大,主要差距在农业收入,后者的农业收入是前者的七倍多,农业规模小是导致这类家庭收入较低的重要原因。

（六）年老贫困家庭

这类家庭所占比例高达22.04%。家庭户主年龄较大,平均为54.46岁,是典型的"空巢"家庭,一般由年老的夫妻两人组成。从收入构成看,这类家庭的总收入、人均纯收入很低,主要依靠子女馈赠和政府补贴。从家庭人口特征看,这类家庭的劳动力数量少,从事非农产业的劳动力所占比例也比较低,几乎没有在县外打工的。受教育水平较低和年龄偏大是这类家庭成员外出打工的主要障碍,这一数据从一个侧面反映了农村人口的老龄化程度。

六、农村社会分化的发展趋势

改革开放以来,我国农村居民在职业等方面出现了社会分化,分化的主要趋势和问题包括农村居民收入差距将进一步拉大、分化与阶层边界固定化并存、各阶层间矛盾冲突增多和分化中不公正性严重等,进而导致农村社会基础结构的变化。

（一）农村社会的基础结构正在发生阶段性质的变化

农村社会成员就业已经从以农业为主转变为以非农业为主,同质性的农民已经分化为职业、收入明显不同的若干群体。年龄、性别、受教育水平等个体特征对劳动者的职业和收入起着重要作用,劳动者个体的风险偏好其对其就业取向也有着重要的影响,并决定着劳动者之间收入差异的发展走势。严格的生育制度和新增劳动力就业的非农化、城市化,正明显改变着农村的人口结构和劳动力就业结构,农村人口减少、劳动力减少、务农劳动力加速减少的趋势开始显现。这种阶段性质的变化，为破解农村社会长期存在的人地紧张难题创造了条件、提供了契机。农村人口外流是农业进步的必要条件，但并不是充分条件，农村人口外流也会带来外流地区的衰落。

（二）农户的城市化倾向和兼业化倾向明显增强

农户分化主要表现为农户收入水平的分化、农户经营性质的分化和农户的城镇化。高收入农户家庭劳动力主要从事个体私营和商品性农业等自主经营就业，在参与市场竞争能力方面已经积累了明显的优势。随着城市化进程和农村人口向城市迁移速度的加快，农村居民在农村建房的意愿已大大下降。农村农户的构成性质已发生根本性变化，非农兼业户、非农户已成为农村社会的主体。农户分化并没有带来相应的农地集中，除失地农户外，绝大多数农户都在兼营农业，并希望保有自己的一份农地，农地的社会保障功能正在进一步增强，农户兼业现象将会长期存在。

（三）村庄社区之间呈现出明显的异质性和非均衡性发展格局

村庄之间经济发展水平的差异造成了劳动者就业机会和收入水平的差异。村庄在进入市场之初的产品选择是村庄之间发展差异的成因，并决定了村民与市场关系的走向。在工业化、城市化进程中，部分村庄正发展成为城镇或其中一部分，这势必对未来农村社会形态变化产生深刻的影响。

我国农村社会结构的变迁是一个渐进的、从量变到质变的过程，在这期间，不同的发展阶段既有着不同的构成基础、表现形态，也需要不同的治理政策。经过改革开放40多年来的发展，农村劳动者之间、农户之间和农村社区之间已呈现出明显的分化，表现出明显的异质性，而且这种分化和异质性正以自我增强的趋势而得到进一步发展，一种全新的农村社会形态正在生成之中。因此，政府的各项政策，特别是城乡户籍制度、就业制度、农地制度和社会保障制度的施行都必须主动顺应和推进这种质变，推动农民、农户、农村社区的分化沿着良性的轨道继续发展，从而实现农村社会的重构。

七、新时期农村社会发展面临的挑战

2017年7月，中国社会科学院农村发展研究所组织研究、中国社会科学出版社出版的《中国农村发展报告（2017年）》指出，当时的中国农村已经进入加快转型和全面转型的新阶段，也就是实现农村现代化和城乡发展一体化的过程，正面着临八大严峻挑战。

（一）高成本严重损害农业竞争力

2005—2015年，中国三种粮食每亩总成本平均每年上涨9.7%，其中，人工成本年均上涨11.0%，土地成本年均上涨13.5%，均远高于同期农林牧渔业增加值的年均增长率（4.4%）和谷物生产价格指数的年均上涨率（4.8%）。高生产成本推高了粮食价格，降低了农业经营收益，损害了农业竞争力。

（二）农业机械化急待转型升级

2011年以来，大中型农机具数量和机械作业费增速不但"双回落"，而且近年来小型拖拉机的绝对数量连续减少。这意味着，中国大中型农机具数量正在趋于饱和，农机作业市场竞争日益激烈，农业机械化面临转型压力。

（三）"谁来种地"难题尚未破解

占农民工总量49.7%的新生代农民工基本没有参加过农业生产，并且其早已习惯城镇生活，不会种地也不愿种地。另外，务农收益较低和耕地的细碎化，一些地方开始出现抛荒，在河南南部、湖南西部的山区，耕地抛荒比例接近1/4。

（四）农业规模经营面临巨大挑战

2015年底，经营耕地10亩（1亩等于666.67平方米）以下的农户数量仍然多达2.1亿户，占全部农户的79.6%。2016年全国土地流转面积为4.71亿亩，占家庭承包耕地面积的比重为35.1%，仅比2015年提高了1.8个百分点，远低于2012—2014年四个百分点以上的年均增速，一些农民想出租土地却没人承接。

（五）农民增收的压力不断增加

由于我国经济发展进入新常态，并且农业经营效益进入下行通道，农民增收的务农、务工这两大传统动力有所减弱，加上财产性收入短期难以有明显增加（2016年仅占2.2%），依靠转移净收入来支撑农民收入的增长也不太现实，农民增收难度日益增加。

（六）农村资源资产浪费严重

当前，农村居民点空闲和闲置用地面积多达3000万亩。2000—2011年，在全国农村人口减少1.33亿人的情况下，农村居民点用地反而增加了3045万亩。另外，每年因农村人口转变为城镇居民而新增农村闲置住房5.94亿平方米，折合市场价值约4000亿元。

（七）农村生态环境急待改善

不科学的经营管理理念和落后的生产方式，如化肥、农药、农膜的过量使用，再加上全国每年38亿吨畜禽粪污的产生量，导致我国的农业面源污染十分严重。另外，近年来随着农民生活水平的提高，农村生活垃圾和污水污染问题也日益突出。

（八）乡村治理模式仍需创新

农业组织形式和生产方式的改变要求创新乡村治理机制。农村集体经济组织、农村股份合作经济组织与村两委的关系亟待理顺。乡村治理机制如何适应农业转移人口市民化、农村社区化值得注意。

《中国农村发展报告（2017年）》提出，在新的时期，要加快农村全面转型，必须全面激活要素、市场和主体，赋予农民更多的财产权利，促进城乡资源要素双向流动，激发农村发展活力和新动能。为此，各地政府需要重点做好五大方面的工作：一是提高农村资源资产的流动性，探索农村土地国家收储制度。这些工作主要包括探索进城落户农民农村承包地、宅基地以及其他资源资产的市场化退出机制，在条件允许的部分地区，尝试农村资源资产跨集体转让等。二是加快农村集体产权制度改革，发展壮大新型农村集体经济。这些工作主要包括明确农村集体经济组织成员的资格认定、赋予集体经营性资产股份更多的权利权能、多种方式共同发展壮大新型农村集体经济等。三是构建新型农业经营体系，保障农村发展全面转型。要强化新型农业经营和服务主体的作用，加快创新农业规模经营实现方式，并积极引导小农生产进入现代农业发展轨道。四是加快供给侧结构性改革，提高农业竞争力和经营效益。这要从降低农业生产成本、调整农业产业结构，提升农产品品质，促进第一、二、三产业融合等方面发力。五是完善支持保护政策，促进农业农村持续稳定发展。一方面要创新财政支农方式，另一方面要健全农业保险制度。

第二章　面向新时代，推进农业农村现代化

农业丰则基础强，农民富则国家盛，农村稳则社会安。2017年10月，党的十九大报告提出，实施乡村振兴战略，按照"产业兴旺、生态宜居、乡风文明、治理有效、生活富裕"的总要求，建立健全城乡融合发展体制机制和政策体系，加快推进农业农村现代化。产业兴旺，就是要紧紧围绕促进产业发展，引导和推动更多资本、技术、人才等要素向农业农村流动，调动广大农民的积极性、创造性，形成现代农业产业体系，促进农村第一、二、三产业融合发展，保持农业农村经济发展旺盛活力。具体而言，就是要构建现代农业产业体系、生产体系、经营体系，完善农业支持保护制度，发展多种形式适度规模经营，培育新型农业经营主体，健全农业社会化服务体系，实现小农户与现代农业发展的有机衔接。构建现代农业体系，必须根据新的历史条件，准确把握现代农业的基本内涵和发展规律，推进传统农业向现代农业跨越。

第一节　现代农业概述

一、现代农业的基本内涵

现代农业是继原始农业、传统农业之后的一个农业发展新阶段。从世界范围看，传统农业向现代农业的转变，是在封建土地制度废除、资本主义商品经济和现代工业有了较大发展的基础上逐步实现的。这一转变大体上起始于19世纪中叶，至今已经历了百余年的历程。第二次世界大战后，现代农业迅速发展，许多国家实现了农业现代化，农业劳动生产率、土地产出率和商品率达到了前所未有的高度，使农业发展成为国民经济中的一个高度发达的现代基础产业。

所谓现代农业建设，就是用现代物质条件装备农业，用现代科学技术改造农业，用现代产业体系提升农业，用现代经营形式推进农业，用现代发展理念引领农业，用培养新型农民发展农业，提高农业水利化、机械化和信息化水平，提高土地产出率、资源利用率和农业劳动生产率，提高农业素质、效益和竞争力。现代农业是人类社会发展过程中继原始农业、传统农业之后的一个农业发展新阶段，其实质就是用现

代化工业装备农业、现代科技改造农业、现代管理方法管理农业、健全的社会化服务体系服务农业，实现农业技术的全面升级、农业结构的现代转型和农业制度的现代变迁。

（一）现代农业以科学技术为强大支柱

现代农业是伴随着科学技术的发展而发展的，并随着现代农业科学技术的创新与突破而产生新的飞跃。19世纪30年代，细胞学说的提出使农业科学实验进入细胞水平，突破传统农业单纯依赖人们经验与直观描述的阶段。40年代，植物矿质营养学说的创立，有力地推动了化学肥料的广泛应用与化肥工业的蓬勃发展，标志着现代农业科学的一个新起点。50年代，生物进化论的问世，揭示了生物遗传变异、选择的规律，奠定了生物遗传学与育种学的理论基础。20世纪初，杂交优势理论的应用，带来玉米杂交种的产生与大面积推广。杂交种优势主要应用于多种作物及动物育种，已成为一项十分有效的农业增产手段；而动物人工授精的应用及精液冷冻保存技术的相继突破，则为畜牧业、渔业带来了巨大的经济效益。第二次世界大战期间，滴滴涕等杀虫剂的研制与生产，有力地促进了农药的应用与农药工业的发展。此后，随着现代科学技术的迅速发展及其在农业中的扩散与应用，大大拓宽了农业科学技术的领域，并带来农业生产力的大幅度提高。特别是生物技术的发展，为人们定向育种开辟了广阔前景。信息技术的发展和应用，加快了现代农业发展的节奏，信息技术尤其对科学技术的传播、市场供求的对接等领域起到了重大的推动作用。

（二）现代农业以现代工业装备为物质条件

传统农业单纯依靠农业内部物质循环，而现代农业则是依靠增加大量现代工业装备和现代物质投入的、开放的高效农业系统。从发达国家的实践看，主要有以下四点：一是以工业化带动农业现代化。在钢铁、机械、化工、能源等现代工业的有力支持下，促进高效农机具、化肥、农药的普遍应用，成为加速传统农业改造、大幅度提高农业生产力水平的关键因素。二是以机械动力替代人（畜）力、以信息技术控制代替人工操作。这已成为现代农业技术革命的一个重要内容和现代农业的一个主要标志。三是以城镇化促进农业劳动力的转移，而农业劳动力的减少和非农产业的扩大，又推动了城镇化向更高水平迈进，从而加快城乡经济的协调发展。四是以农业机械化带动农业劳动生产率与土地生产率的提高。评价农业机械化的作用，既要辩证地对待农业劳动生产率与土地生产率的关系，也要着眼于总体生产力与经济效益的提高。

（三）现代农业以产业化为重要途径

我国于20世纪80年代初提出的农业产业化经营的发展道路，符合现代农业发展的趋势和要求。现代农业伴随着市场经济的发展而发展。在发达国家，不论农业经营规模有多大，家庭农场都是作为农业经营的基本单位，通过社会化服务实现了小生产与大市场的连接。在市场经济迅速发展、市场竞争十分激烈的情况下，家庭经营通过多种形式联合起来，实现产业化生产、一体化经营，使农业生产呈现专业化、规模化、科学化和商品化趋势，已成为现代农业发展的重要途径。当前，我国农业产业化发展迅速，农村专业技术合作组织开始兴起，农业企业不断壮大，共同推动了现代农业的进程。

（四）现代农业以统筹城乡经济社会发展为基本前提

农业是经济再生产与自然再生产交织在一起的过程，其发展既受到自然因素的制约，也受到生物规律和市场规律的制约。当前，我国面临农产品需求（包括数量、质量和种类）增长与农业生产力低下的矛盾。在这种情况下，如何协调工农关系，很好地统筹城乡经济社会发展，扶持农业发展与维护农民权益，加快传统农业改造的进程，就成为一个突出的问题。鉴于农业是"一切人类生存的第一前提"，农业具有明显的基础性、公益性、战略性，发达国家及新兴工业化国家与地区在现代农业发展的不同阶段都采取一系列的有力扶持保护措施，在价格、信贷、税收、贸易、资源、科技、教育等方面制定相应的政策，推动了现代农业的全面发展。现代农业是以保障农产品供给、提供劳动力就业、增加农民收入、实现农业可持续发展为主要目标，以现代科学技术、现代工业装备、现代管理手段、现代经营理念为支撑，以政府对农业的宏观调控和支持保护为保障，充分发挥市场在资源配置方面的基础性作用，集产供销、贸工农于一体的多部门协调、各环节相衔接，由现代知识型农民和现代企业家共同经营，具有较强市场竞争力的一体化、多功能的农业产业体系。

二、现代农业的重要特征

建设现代农业的一个主要任务就是要加快传统农业向现代农业的转变，促进农业生产方式和经营方式的变革。可以说，现代农业的核心是科学化、特征是商品化、方向是集约化、目标是产业化。相对传统农业而言，现代农业应具备以下五大特征：

（一）市场化程度日趋成熟

市场经济体制是现代农业发展的制度基础，它在资源配置中起着基础性作用。

在市场经济条件下，农民从事农产品生产的主要目的不是自食自用，而是为市场提供商品，实现利润最大化。现代农业建设必须突破传统农业封闭低效、自给半自给的局限，坚持以市场需求为导向，采用专业化生产和一体化经营的产业化方式，调整农业结构和生产布局，提高投入产出效率。健全农产品现代流通体系，提高农产品市场占有率。目前，在农业现代化水平较高的国家，农产品商品率一般在90%以上。因而现代农业是以现代发达的市场为基础的专业化农业、一体化农业和高效农业。

（二）工业装备普遍采用

工业装备是现代农业的硬件支撑。在由传统农业向现代农业发展的历史阶段，农业机械是农业生产要素中影响现代农业进程的关键因素，并且农业机械化水平是实现农业现代化和形成农业竞争力的核心能力，农业机械化水平的高低决定着农业现代化的进程和农业竞争力的强弱。因此，现代农业建设必须突破传统农业生产过程完全依赖自然条件的约束，充分运用现代工业提供的技术手段和设备，使农业生产基本条件得以较大改善，抵御自然灾害能力不断增强，因而现代农业是使用现代工业设备武装，具有较强抵御灾害能力的设施农业、可控农业。

（三）先进科技广泛应用

先进的科学技术是现代农业发展的关键要素。与科技运用相适应，农业劳动者的素质得到了普遍提高。现代农业发展的动力来自科技进步与创新。先进的科技不断从潜在生产力转化为现实生产力，正成为推动现代农业发展的强大动力。现代农业的发展过程，既是先进科学技术在农业领域广泛应用的过程，也是用现代科技及装备改造传统农业的过程，还是用现代农业科技知识培养和造就新型农民的过程。在现代农业中，生产、加工、运销各个环节均采用先进的科学技术。同时，农业技术的发展也促使农业管理体制、经营机制、生产方式、营销方式等方面不断创新，因而现代农业是以现代科技为支撑的创新农业。

（四）产业体系日臻完善

完善的产业体系是现代农业的重要标志。随着现代科技在诸多领域的突破，现代农业的发展已突破传统农业生产领域仅局限在以种植业、畜牧业等初级农产品生产为主的狭小领域，逐渐由动植物向微生物，农田向草地森林，陆地向海洋，初级农产品生产向食品、生物化工、医药、能源等方向不断拓展，生产链条不断延伸，并与现代工业融为一体，因而现代农业是由现代科技引领的宽领域农业。与此同时，现代农业以一体化的经营方式进行资源配置和利益分配。农业产前、产中、产后紧密衔接，产加销、农工贸环环相扣，农业生产的专业化、农产品的商品化、农村服务的社会化全部被纳入经营一体化的轨道之中。

（五）生态环境受到重视

注重农业增长与生态环境的协调发展是现代农业发展的基本方向。近年来，世界各国在农业发展过程中，改变粗放型农业增长方式，重视土、肥、水、药和动力等生产资源投入的节约和使用的高效化，注重生态环境的治理与保护，在应用自然科学新成果的基础上探索出"有机农业""生态农业"等农业发展模式。可见，现代农业是根据资源禀赋选择适宜技术的集约化农业、生态农业和可持续农业。

三、现代农业发展的主要模式

我国幅员辽阔、区域类型多样、资源禀赋差异较大、经济发展程度不一，因此，现代农业发展不能实行"一刀切"，切忌采取统一模式，必须因地制宜地选择现代农业发展模式。目前，应当重点选择以下四种现代农业发展模式。

（一）资源节约型现代农业模式

我国农业资源严重短缺，人地矛盾突出，可利用资源与农业粗放经营之间的矛盾日趋尖锐，农业资源有效利用率低等问题日益突出，因而建立资源节约型现代农业模式成为现代农业发展的必然选择。我国应积极发展"精准农业""无土栽培农业""旱作农业"和"节水农业"，走一条高度注重资源节约的现代农业发展道路。

（二）劳动密集型现代农业模式

我国农村劳动力资源极为丰富，发展劳动密集型现代农业具有很大的比较优势。各地政府应在加强农业实用人才培训、显著提高农民技术素质的基础上，大力发展蔬菜、水果、花卉、畜牧、水产等劳动密集型农业，在最大限度地缓解人多地少矛盾的同时不断提高农业的效益水平。

（三）区域特色型现代农业模式

我国自然条件的区域性、垂直性、过渡性分布特征，为发展区域特色型现代农业提供了多样化条件。各地政府应当依据各地的资源、技术和地理地貌等特点，面向市场需求进行优势资源的比较和筛选，发展各具特色的设施农业、生态农业、观光农业、都市农业等，重点发展名、优、特、新农产品。各地政府应注重提高农业的整体功能与综合效益，形成特色农产品种植区和产业带，通过突出产业特色的方式发挥区域优势。

（四）可持续型现代农业模式

推进现代农业发展必须尽快实现农业增长方式由粗放型向集约型转变。实现农业生产各个环节的规范化、标准化、精确化，实行精耕细作和产业化经营，提高土地利用率和农业综合效益，增强农业抵御自然灾害的能力。各地政府要积极发展生态农业和循环农业，广泛应用立体种植技术、作物固氮技术以及利用生物链防治病虫害技术，促进农业经济效益与生态效益的有机统一，显著提高农业可持续发展的能力。

四、现代农业发展的基本趋势

我国正处于传统农业向现代农业转型的爬坡阶段，必须正确认识国内外现代农业发展的基本趋势，在顺应这一趋势的基础上积极开展现代农业建设。

（一）农业生产规模适度扩大

家庭分散的农业经营方式难以发挥生产的规模效益，因而无法适应现代农业的发展需要。随着农业劳动力进一步向非农产业转移，农业科技水平进一步提高，农业区域化和专业化布局不断形成，不同类型的农业适度规模经营形式将得到越来越快的发展，并逐步成为农业经营方式的主体。在此基础上，农业将实现机械化、标准化的商品生产，农业的市场竞争力将进一步增强，比较效益将不断提高。

（二）可持续农业成为发展方向

有限的农业资源和日益增长的人口负担，在客观上要求遏制对农业资源的掠夺式开发，从根本上转变以过度消耗资源和破坏生态环境为代价的传统农业发展方式，走可持续农业之路。所谓可持续农业，就是可持续发展战略在农业领域的体现。可持续农业强调农业发展的整体性、系统性、协调性，主张用准确化的信息、集约化的管理和高科技投入去发展农业，实现自然生态的平衡，确保当代人和后代人对农业需要的满足。从发展的角度看，现代农业将实现更有质量的增长过程，在节约能源、降低消耗、减少废物、提高效益、改变传统农业生产和消费模式的同时，高度重视控制环境污染，改善生态环境，保护生物多样性，保证以持续方式使用可再生资源，走可持续发展的农业发展道路。

（三）农业生产领域进一步拓展

现代农业的发展要求其生产领域不断得到扩展，这主要体现在三方面：首先，农业基本生产资料由耕地向草地、森林、水面延伸；其次，初级农产品生产向食品、医药、绿色化工、生物物质等多种产品生产方向拓展；最后，农副产品综合和多层次开发将成为蕴含极大潜力的农业新的生长点。农业生产领域的拓展过程是伴随着农业产业化发展的，在此过程中，传统的农业内涵逐步改变，工、农业之间的界限渐趋模糊，农业也将分享更多的利润。

（四）农业生产日益科技化

高新技术成为现代农业发展的强大动力。现代农业与传统农业不同，它是建立在全面应用科技基础之上的高效农业。目前，现代农业科技正迅速向宏观和微观两个领域全面发展，由生物技术占主导地位引起的农业科技革命促进农业面貌发生了根本性的变化。

（五）农业日益走向商品化、国际化

在经济全球化发展格局下，世界各国发挥比较优势，参与国际市场分工和经济竞争。农业发展的国际化趋势对各国农业既是挑战又是机遇，各国只有调整农村经济结构，优先吸纳先进技术，才能适应国际市场的发展形势。农业日益商品化、国际化的趋势是农业采用高新技术的强大动力，从而将各国的农业农产品逐步推向世界市场。

（六）农产品向多品种、局品质、无公害方向发展

质量和品种成为农产品竞争的首要因素。现代农业不仅能满足人们追求物质生活的需要，还能给人们提供健康上的保障及精神上的享受。"无公害""无污染""反季节"的"绿色"水果蔬菜以及工艺型、观光型、保健型农产品应运而生，为农业开发和农业科技的应用展现出诱人的前景。

第二节　发展现代农业，构建现代农业体系是实施乡村振兴战略的首要任务

农业是全面建成小康社会、实现国家现代化的基础。党的十九大报告提出，农业、农村、农民问题是关系国计民生的根本性问题，必须始终把解决好"三农"问题作为全党工作的重中之重。我国要坚持农业、农村优先发展，按照"产业兴旺、生态宜居、乡风文明、治理有效、生活富裕"的总要求，建立健全城乡融合发展体制机制和政策体系，加快推进农业农村现代化。实施乡村振兴战略，推进农业、农村现代化，必须坚持把发展现代农业，构建现代农业体系，繁荣农村经济作为首要任务。

一、发展现代农业与实施乡村振兴战略的关系

实施乡村振兴战略,就是要坚持农业农村优先发展,协调推进农村经济建设、政治建设、文化建设、社会建设、生态文明建设和党的建设,使之成为新型聚居地的地域单元。发展现代农业,就是在农业领域不断引入先进的物质技术要素和现代人力资本,对现有的生产方式和组织方式进行变革,不断推进农业产业经济的增长,提高自然再生产与经济再生产的能力,从根本上解决农业发展滞后、难以适应工业化和城镇化需要的问题。构建现代农业体系,就是要构建现代农业产业体系、生产体系、经营体系,完善农业支持保护制度,发展多种形式适度规模经营,培育新型农业经营主体,健全农业社会化服务体系,实现小农户和现代农业发展之间的有机衔接。发展现代农业,构建现代农业体系和实施乡村振兴战略之间有着不同的功能要求和发展方式,又是相互依存、相互促进的关系。发展现代农业主要体现在以下五个方面内容:

(一)在经济发展上相互扩充

现代农业既是实施乡村振兴战略、促进农村经济发展必不可少的重要组成部分,也是推动农村发展主导产业和特色优势产业的动力支撑。发展现代农业,构建现代农业体系,就是要加快改造传统农业,推进分散单一的种养业向农业产前、产中、产后环节相连、农产品生产加工运销一体化的产业链发展。将原来布局在城市的农产品加工业逐步引入农村,在农村兴办为现代农业提供技术和中间投入品的社会化服务业,所形成的专业化种养业基地和加工区、服务区的农村地域的产业集聚,将极大地促进新型农村居住区的发展,使农村经济在现代农业的推动下不断繁荣。

(二)在效率提高上相互促进

实施乡村振兴战略的一个主要方面就是要不断改善农村道路、交通、水、电、信息网络等基础设施条件,优化农村市场环境,这样不仅可以促进农村居民生活消费,还可以促进以市场为导向,以农产品商品生产为目的的现代农业发展。例如,农村道路交通状况的改善,有助于降低农产品运输成本,提高农产品流通效率;农村电话、互联网等信息设施的建设和普及,可以使农户及时获取农产品生产、销售信息,节约时间,不断增加农户的收益;农村市场条件的改善,有利于农产品价格发现与传导机制的形成,便于农户根据国内外市场需求调整种养业结构,从而增加农户的收入。

(三)在收入增加上相互提升

实践证明,现代农业不仅能够增加规模经营收入,还能拓展农民兼业收入和农产

品加工营销等后续收入的来源，增加农民的工资性收入和非农收入，改善农民的收入结构。目前，在我国农村居民人均纯收入中，工资性收入已由1990年的138.80元增加到2015年的4600元，占农民人均纯收入的比重从1990年的20.2%增加到2015年的40.3%。因此，可以预见，实施乡村振兴战略中的政府投资，还将引导企业和农户的投资不断投向农村建设中的新兴产业、农村公益事业，引发投资的乘数效应，在农村建设中形成投资上升、收入提高、消费增加的良性循环。

（四）在就业空间上相互拓展

不论是现代农业发展还是实施乡村振兴战略，由政府投资或企业等社会资本的投入，都将大幅度增加农民现金收入，为农村地区提供大量的就业岗位，促进农村新的生产、生活和生态产业的大发展。发展现代农业，构建现代农业体系，将促使集中在种植业、养殖业中的一部分农业劳动力，向农产品加工业、社会化服务业转移就业；实施乡村振兴战略将使农村剩余劳动力向农村建筑及其原材料生产、运输和营销等行业转移就业，向农村餐饮、文化、娱乐等服务行业转移就业。农村第一、二、三产业规模的扩大和发展，直接扩充了农村的就业容量，最终形成"就业扩大—经济增长—社会发展"的农村循环经济和和谐社会。

（五）在生态保护上相互改善

随着人口增加及对食物需求的增多，人们不断增加外部投入，一方面，改造提升了基于农田、草地、森林、湖泊等农业生态系统的产出功能，扩大了农村居住空间；另一方面，过量施用化肥、农药与机械作业导致耕地被污染、土壤质量下降，道路等基础设施的无序建设使农村景观生态遭到破坏。现代农业追求的是清洁生产、绿色产品和资源循环利用，实施乡村振兴战略追求的是生态宜居、治理有效的家园。因此，需要控制并合理使用化学物质，对生产、生活废弃物实行资源化处理，加强对农业野生资源的保护和利用，对农村脏、乱、差的环境进行系统整治。按照农业和农村生态系统的物质流向实行综合治理，促进优质、高效、安全、生态农业的发展，增强农村景观生态的美学价值及休闲旅游功能，促进人与自然的和谐共处、协调发展。

二、发展现代农业，构建现代农业体系的重大意义

发展现代农业，构建现代农业体系是实施乡村振兴战略，推进农业、农村现代化的重要任务。当前，我国正处于传统农业向现代农业转型的重要历史时期，从世界农业发展的规律和我国的国情看，农业发展必须走建设现代农业的道路。加快从传统农业向现代农业转变，既是我国经济社会发展的必然要求，也是应对激烈的农

业国际化竞争和挑战的必然要求。

（一）坚持发展现代农业，构建现代农业体系是确保实施乡村振兴战略方向正确的重要举措

当前，我国经济已由高速增长阶段转向高质量发展阶段，正处在转变发展方式、优化经济结构、转换增长动力的攻关期，建设现代化经济体系是跨越关口的迫切要求和我国发展的战略目标。实施乡村振兴战略的首要要求就是"产业兴旺"，只有发展现代农业，构建现代体系，以现代农业为基础，发展新型农业，乡村振兴才能有坚实的基础。

（二）坚持发展现代农业，构建现代农业体系是习近平新时代中国特色社会主义思想，推进农业农村现代化的要求

农业、农村、农民问题是关系国计民生的根本性问题，必须始终把解决好"三农"问题作为全党工作重中之重。统计资料表明，2016年，我国城乡居民人均收入倍差为2.72∶1。如果农业搞不上去，不但会制约农业农村经济的发展，而且势必会影响工业化、城镇化和整个国民经济的发展。所以，只有积极发展现代农业，构建现代农业体系，努力形成城乡融合发展、共同繁荣的良好局面，才能实现国民经济持续健康协调发展，真正把习近平新时代中国特色社会主义思想落到实处。同时，只有发展现代农业发展，构建现代农业体系，才能不断改善农民生产生活条件，确保农村和整个社会的稳定。

（三）坚持发展现代农业，构建现代农业体系是确保国家粮食安全的有力保证

党的十九大报告强调，确保国家粮食安全，把中国人的饭碗牢牢端在自己手中。我国是一个具有悠久传统农业历史的国家，传统农业为中华民族的繁衍生息、为我国改革开放和现代化事业做出了巨大贡献。随着经济社会发展对农产品需求的增长和国际农业化进程的加快，单纯的传统农业不但难以确保国家粮食安全，而且难以应对国际化的竞争和挑战。解决粮食安全问题，不仅要稳定粮食的面积，而且要提高粮食的单产量。我国正处于工业化、城镇化加快发展的时期，对于耕地资源的保护是当前非常重要的任务。国家领导一再强调，我们要守住18亿亩耕地的红线，但是18亿亩耕地要保住是很难的事情，每年我们的城镇化、工业化要占地500多万亩。所以提高粮食的总产量，靠扩大耕地面积和播种面积潜力不大，重要的是发展现代农业，依靠科学技术提高单产。尽管近些年我们粮食连年丰收，粮食供给是平衡的、安全的，但是仔细分析一下，粮食总产量增加的幅度、粮食单产提高的幅度、播种

面积增加的幅度这三个数字都在下降。因此,确保国家粮食安全,提高粮食产量,必须加快技术进步,依靠科技提高单产,这是一个很重要的途径。只有加快现代农业的建设,构建现代农业体系,才能强化农业的基础地位,增强农业的基础作用,肩负起新时期农业的历史重任。

(四)坚持发展现代农业,构建现代农业体系是促进农民收入持续增加的有效途径

家庭收入、外出务工的收入、转移性收入构成了农民的总体收入。2015年,我国农民的工资性收入已占农民人均纯收入比重的40.3%,非农收入的比重越来越大。这几年农民收入的增加比较快,外出务工的收入贡献率比较高。但是城市居民的收入也增加很快,应该看到城乡收入差距的客观存在。所以,要促进农民收入持续增加,不断缩小城乡居民收入差距,只有发展现代农业,构建现代农业体系,提高农业的附加值,提高农业的综合效益,才能使农民通过发展农业产业本身增加收入,稳定农业生产,促进农业发展,从而对国民经济高速发展起到支撑作用。

(五)坚持发展现代农业,构建现代农业体系是提高我国农业竞争力的必然选择

在国际统一大市场背景下,我国农产品市场的开放程度已经很高。近年来,农产品出口和进口都在增长,但是进口增长的幅度显著大于出口,从而使我国农产品贸易连续几年出现逆差。据预测,今后我国农产品贸易逆差很可能会成为常态,究其原因是我国农产品的竞争力还不高。与发达国家平均水平相比,我国农业生产中科技贡献率要低二三十个百分点,农业从业人员的生产率只相当于发达国家的几十分之一,甚至更低。因此,我们应当顺应世界农业发展潮流,提高农业发展整体水平和国际竞争力,提高农业安全水平,在应对国际竞争中拓展发展空间,在促进国际贸易中分享更多利益,使我国农业在激烈的国际竞争中立于不败之地。

第三节 发展现代农业的经验及存在的问题

一、国外发展现代农业的经验

(一)以农业机械化为起步,以农业一体化为标志的现代农业

美国是这一方式的代表。美国的地域和人口特点是地广人稀,人均土地资源丰富。

这一资源禀赋特征，使土地和机械相对价格长期下降，而劳动力相对价格不断上升，促使农场主不得不用土地和机械动力替代人力，这种替代包含着农业机械技术的不断改进。美国农业现代化的发展依照机械化发展的进程可划分为以下三个阶段：

第一阶段：半机械化阶段。这是以人力和畜力驱动、按机械原理设计制造的改良农机具取代传统农具的过程，是农业机械化的初始阶段。

第二阶段：田间作业机械化阶段。这是以电力驱动的大型现代农机具代替非机械动力农机具的过程，是机械化发展的阶段。

第三阶段：全盘机械化阶段。这是机械化的成熟阶段，开始于20世纪40—50年代，完成于20世纪70—80年代。在这一阶段，不仅农机具的数量得以增加，而且其性能也不断提高，可以设计和制造出适应精细作业要求的农业机械。

在经营模式方面，农业的高度专业化是农业一体化的基础。发展现代农业依赖农业一体化进程。20世纪80年代后半期，在高度社会分工和专业化的基础上，农业同产前与产后部门（相关联的工商企业）通过经济上、组织上的结合，或通过相对稳定的业务联系，形成了一种经营形式或经营系统，被称为现代大农业或垂直一体化经营的农业。农业的垂直一体化经营，依照农业关联企业与农民结合的不同方式和不同程度，可分为以下三种形式：

（1）农业关联企业与农场结合在一起，形成经济实体，构成农工商综合体。

（2）合同制。农业关联企业与农场主签订合同，在明确双方各自承担的责任和义务的条件下，把产供销统一起来，原有工商企业和农场仍保持各自独立的实体不变。

（3）农民组成合作社，直接参与到农业垂直一体化的进程之中，成为一体化的主体成分。农业的一体化，促进了现代农业的发展。

（二）以农业科技为突破、以技术推广和服务体系为支撑的现代农业

以色列发展现代农业的成功得益于农业的集约化，得益于完善的农业科研开发、技术推广和服务体系。以色列发展农业的经验主要包括以下三个方面：

（1）加强、健全科研、推广和服务体系。科研、推广和服务是以色列农业高度发达的原动力，科研开发是后盾，推广和服务体系是动脉，以色列建立了一套由政府部门（农业部等）的科研机构和社区（基布茨、莫沙夫）及社会科研机构相结合的科研、开发体系。每个科研机构都定期将研究成果推广并应用于农业生产，使这些科研成果很快转化为现实生产力。以色列的每一位农业科研人员都是某一方面的专家，他们为农业生产、经营者提供了技术指导、咨询和培训。另外，这些专家还是科技推广者和技术承包的实践者，他们与农户签订服务合同，从而使农民获得了

更大的经济效益。

（2）成功的"公司+农户"模式。以色列农业的生产经营特点：一是订单生产；二是农业生产与国际市场联系紧密。基布兹的农业生产直接与国际市场连接，生产、加工、包装、销售基本是一体化的经营。莫沙夫中的农户直接与国内的公司签订购销合同或者直接上网销售，从而使农产品进入国内、国际市场。还有一种方式是公司与农户建立股份制关系，由公司为农户提供资金用于农业基础设施建设并负责农户产品的收购，再从每年付给农户的贷款中分成或逐年回收投资。由于以色列的农业水平相当发达，农民的科学文化水平也很高，农民可以直接从互联网上了解农副产品的市场行情，因此，公司与农户的利益分配比较合理，从而形成了公司与农户良好的互动机制。

（3）加强对农民的教育、培训。以色列的教育非常发达，国民受教育程度很高。农民中大学以上文化程度的占到47%，其他至少是高中文化程度。高素质的农业劳动力为学习、运用先进的生产技术、管理技术提供了可靠的保障。同时，也使农民更乐于接受新生事物，采用新品种、新技术，为现代农业的发展插上腾飞的翅膀。

（三）以市场为导向，以加强农民素质教育、提高农民组织化程度为主体的现代农业

荷兰发展现代农业的经验主要包括以下两个方面：

1. 以市场为导向，提高应变能力

以市场需求为导向是一个系统工程，需要大量准确的市场信息、快速灵活的产品调整能力和农业科研水平的跟进力。否则，在不断变化的国际市场上，任何一种产品都有可能丧失原有优势，甚至被淘汰出局，荷兰农产品就一直瞄准国际这个大市场。德国一直是荷兰农产品出口的主要市场，其中包括消费者喜爱的大众食品荷兰西红柿。十多年前，荷兰对德出口西红柿遭遇困境，因为德国消费者将目光转向来自其他国家的西红柿。在这种情况下，荷兰农业科研机构紧急动员，在很短时间内培育出新的西红柿品种，成功夺回了德国这个传统的出口市场。这个例子说明，市场总是不断变化的，即使对一种比较稳定的出口产品，也不能高枕无忧，必须根据变化随时调整，才能保住市场占有量。

2. 加强农民素质教育，提高农民组织化程度

发展现代农业不仅在于高科技在农牧业中的运用和普及，而且在于农民高度的组织化程度和本身的高素质。荷兰农业和畜牧业的经营模式虽然以家庭为主、规模不大，但各种各样的农业合作社组织使他们形成了一个巨大的专业群体，农民借助这个群

体的力量，获取信息、获得贷款、推销产品。荷兰的农业合作社遍及生产环节的各个领域，无论是种子的培育，饲料肥料的供应，还是农产品的销售，这些问题都可以通过加入合作社得到解决。

荷兰主要的合作社大致有这样几种：一是信贷合作社。这种合作社遍及荷兰各地，对支持农民扩大生产、更新设备发挥了重要的作用。现在，农民90%以上的生产贷款来自信贷合作社。二是采购合作社。采购合作社为农民购买种子、饲料、肥料提供了方便和帮助。此外，合作社还有自己的加工厂。三是销售加工合作社。正是由于这类合作社的存在，荷兰农产品的销售网遍布世界各地。四是拍卖合作社。正是通过这种运作模式，荷兰的鲜花才能以最快的速度空运到世界各国各大城市的消费者手中，这不仅使荷兰赢得了"鲜花之国"的美誉，而且收获了巨大的利润。目前，在荷兰农民中，花农收入最高。

荷兰农民收入高还与其受教育程度高密切相关，荷兰政府始终将农民教育摆在优先地位。在荷兰，各类农业院校和培训中心多达342所，这些高等农业学府或农业专科学校有一个始终不变的宗旨就是为农民服务、为生产服务。在这样的指导思想下，农业的教育、科研与生产形成了有机的紧密联系。荷兰虽然没有明文规定农民必须接受何等程度的教育，但绝大多数农民至少接受过中等农业专科学校的培训，大学毕业生在荷兰务农并不是什么新闻。每个农民在生产过程中，还要定期接受各种培训。另外，专业农业科学知识普及员通过各种形式的培训班，及时向农民传送最新的农业科技知识。

二、国内发展现代农业的典型案例

（一）城郊型农村的生态农业带动现代农业发展

北京市大兴区北蒲洲营村是以生产绿色有机农产品为主导产业的城郊生态型新农村，兼顾发展休闲观光农业等现代农业。此蒲洲营村规划最引人注目的是在一个村的范围内进行总体布局规划，以实现最小范围的功能布局。按照北蒲洲营村以生态有机蔬菜产业为主的发展目标，村域土地分为设施农业生产区、养殖区、休闲采摘区、居住区、基本园田、基本粮田和其他区。

北蒲洲营村重视发展环境友好型农村，充分整合农村资源，实现农村产业的规范发展，这也成为城市郊区农村示范规划的一个共同特点。在这方面，上海市嘉定区毛桥村将全村规划为以观光农业为核心的农业生产区、生态工业区、生活区和观光农业区四大板块，从而集约化发展现代农业。

以生态农业建设为核心，集约利用土地，分区分片规划，紧紧围绕城市发展的需求定位发展目标，是城郊型农村发展现代农业的主要模式。

（二）农业产业化、农村工业化带动现代农业发展

农业产业化发展方面，江苏姜堰区河横村规划瞄准现代农业，大力发展农业产业化。河横村位于江苏省姜堰区北部，依托良好的生态环境，强势打造农产品品牌，大力发展和引进高效农业、观光农业、外向农业，建成了特种种植区、特种养殖区、绿色食品加工区、科研示范区和休闲观光区等五大功能区。从河横村规划的特点看，农业产业化深度开发是最大的亮点，有利于进一步提升优势农业竞争力，最终实现农民利益最大化。在这方面，除河横村外，还有山东寿光市三元朱村等。虽然目前多数农村还难以达到这种程度，但通过各自特色产业的不断发展，将是实现现代农业目标的必由之路。

农村工业化发展方面，湖南省桃江县灰山港镇向阳花村通过工业化带动现代农业发展。向阳花村拥有丰富的瓷土、石灰石、煤等矿产资源。村集体拿出40万元并向银行贷款250万元，建成并投产水泥厂。不久，村集体又建成了向阳水泥二厂，并以此为契机，推动了村里矿产业、运输业、服务业的迅速发展，逐步形成了以建材、化工、矿业加工为主的三大支柱产业。向阳花村在工业发展喜人的形势下，并没有放松农业的发展。为了发展现代农业，村里与湖南农业大学建立合作关系，2004年由湖南农业大学提供技术、资金办起了桃花江葛食品公司，建立了"基地＋企业"的现代农业模式，向阳花村现代农业呈现出可喜的发展态势。

工业发展致富后，带动农业发展，形成农业产业化是农村发展过程中最普遍的现象。向阳花村发展的特点主要表现在发展现代农业与智力支持结合在一起，同时和高校建立合作关系。一方面，指导现代农业的发展；另一方面，不断培养、提高农民的基本素质，以适应现代农业发展变化的需要。

（三）农村产业特色化带动现代农业发展

特色化发展是农村致富，促进传统农业向现代农业转化的又一方面。陕西礼泉县白村在发展农村经济的过程中，选择"一村一品"特色模式。礼泉县白村地处苹果产区，农业结构以果业、养殖业为主。白村积极推进"一村一品"，大力发展现代果业，努力推进农业产业化经营，促进传统农业向现代农业转化是其规划的一大亮点。白村村域布局分为生产区、商业区、居住区和产业园区。白村推进"一村一品"的具体措施有：一是以果业发展为重点，树立品牌意识，打造优质精品果品村。

二是组织无公害农产品、绿色食品认证,积极开展良好的农业规范认证。三是延长果业产业链。四是发展运销服务组织,扩大果品的销售能力。五是以果业为主开发乡村旅游业,重点开发以农业科技园、"农家乐"和民间传统艺术展示为主题的都市观光农业圈。

从白村的发展规划看,以果业为主业的"一村一品"正在朝着集约化、品牌化方向发展,开始形成跨区域、大规模、集群式发展格局,并开始打造一条完整的产业链,向深加工业、服务业和乡村旅游业延伸,这符合农村经济和现代农业的发展特征。但实施"一村一品"要特别注意产品趋同的问题,尤其是要进行整体规划和科学指导,不断提升"一村一品"发展的层次。

三、我国发展现代农业面临的问题

近几年,我国的农业发展取得了很大的进步,但从总体情况看,仍处于传统农业向现代农业发展的过渡阶段,还面临着一些制约现代农业发展的深层次矛盾和问题,如专业化水平低、技术含量低、人才缺乏等。

(一)农业产业化水平不高,农民组织化程度低

从总体上看,与发达国家相比,我国农业的产业化水平不高、农业产业链不长、农产品加工增值转化还比较低。同时,在农业产业化过程中,农业龙头企业与农民的利益联结机制和利益关系既不够紧密,社区集体经济组织在农业产销环节中的协调、管理、服务的职能又没有得到很好的发挥,农民专业合作社的发展还处于起步阶段。这些都限制了我国现代农业的发展进程。

(二)农民整体素质仍然偏低,农民的科技文化吸纳能力不强

据统计,在2005年我国农村劳动力中,小学及以下文化程度的占37%,初中文化程度的占50%,高中及以上文化程度的占13%。这些情况既制约了农民就业致富的机会和途径,也制约了农业劳动生产率的提高和现代农业的发展。

(三)农业基础设施仍然薄弱,农业劳动生产率低下

从总体上看,我国农业基础设施建设仍然薄弱,农机装备和水利设施离现代农业发展的要求还有较大的差距,农业抵御自然灾害的能力没有明显提升。同时,我国农业劳动生产率低下,仅相当于第二产业劳动生产率的1/8、第三产业劳动生产率的1/4。

（四）农业资源性矛盾突出，生态环境恶化

我国农业耕地和水等自然资源严重不足，这个现状在短期内难以改变。近年来，随着城市化和工业化的快速推进，非生产性建设用地急剧增加，耕地面积逐年锐减，耕地和水资源还将不断减少，人均占有耕地面积由新中国成立初期的2.5亩下降会到现在的1.04亩，比世界平均水平低0.06亩，人地矛盾更加突出。我国淡水资源分布不均衡，人均拥有水资源量仅占世界的1/5，水资源严重匮乏。农业资源性矛盾非常严峻。值得注意的是，耕地质量也不容乐观，土壤在退化。工业"三废"使农业环境整体恶化，农业自身面源污染已成为影响农业生态环境的主要污染源。我国现代农业面临着农业资源和生态环境的严峻挑战。

（五）科技支撑力量仍然薄弱，成果推广应用缓慢

一是我国科技对农业增长的贡献率还比较低，比农业发达国家低20多个百分点，远远不能适应新的农业科技革命的要求；二是现代农业技术利用率不高、普及率低，特别是基层农业技术推广体系还不完善，存在人员缺乏、管理体制不顺、人员业务素质不高、服务手段落后等问题；三是农业科技储备严重不足，农业科技发展取得重大突破的难度越来越大。这些迹象均表明，我国的农业科技的研究创新和推广应用还不能为发展高产、优质、高效、生态、安全农业和推进现代农业建设提供强大的科技支撑。

（六）农业和农村发展的体制性障碍依然存在

第一，歧视性管理政策削弱了农业自我发展的能力，加大了城乡居民的收入差距。一些地方仍然存在重工业轻农业、重城市轻农村的观念，城乡投资差距较大，与农民生产生活息息相关的科技、信息、文化、卫生、金融、保险等服务体系还不健全，城乡二元结构远未从根本上打破。近两年，城乡居民收入的相对差距和绝对差距仍在继续扩大。2000年，城乡居民收入之比为2.11∶1，2005年扩大到2.33∶1，农村市场消费品零售额占全社会消费品零售额的比重由33.9%下降为28.5%，农民再生产投入严重不足。

第二，公共管理结构不合理，阻碍了农业制度的进步。

第三，市场经济体系不完善，使农民和农业的弱势地位凸显。因此，我国政策体系中的歧视性和剪刀差政策、治理结构不完整、社会保障体系不完善等，决定了我国公共政策对农业发展缺乏扶持力度，决定了我国现代农业的落后状况。

（七）与现代农业特征相适应的市场环境缺失

第一，市场环境缺失和价格扭曲，使现代农业发展中不可缺少的资源既不能顺畅地流入农业领域，农业领域多余的资源也不能合理地流向社会。

第二，农村教育落后和农民文化科技素质偏低，制约了生产方式和观念的更新，阻碍了农业技术的推广。

第三，歧视农业和农民的社会意识，既降低了劳动力市场的资源配置作用，也阻碍了农业技术人员向农村、农业流动。

第四节 构建现代农业体系，推进农业农村现代化建设

构建现代农业体系，推进农业农村现代化是顺应我国经济社会发展的客观趋势，符合当今世界农业发展的一般规律，是加快社会主义现代化建设进程的重大任务。因此，必须针对目前发展现代农业面临的问题，以优化农业结构、培育新型农业经营主体、推进农业服务体系社会化建设等为切入点，构建和完善现代农业产业体系、生产体系、经营体系、农业支持保护制度和农业社会化服务体系，推进我国农业农村现代化建设。

一、优化农业结构，健全现代农业的产业体系

现代农业产业体系，是产业横向拓展和纵向延伸的有机统一，其重点解决了农业资源要素配置和农产品供给效率问题，是现代农业整体素质和竞争力的显著标志。现代农业的主要特征就是农业产业发展过程中突出高新技术的现代性，展示出现代农业产业体系的核心竞争力。健全建设现代农业产业体系，必须注重高新技术的发展和运用，开发农业的多种功能，向农业的广度和深度进军，促进农业结构的不断优化和升级。

（一）端牢饭碗，提高粮食生产能力保障水平

1. 坚持最严格的耕地保护制度

全面划定永久基本农田，以粮食等大宗农产品主产区为重点，大规模推进农田水利、土地整治、中低产田改造和高标准农田建设。

2. 完善耕地占补平衡制度

耕地占补平衡要注重空间均衡、生态效应，探索重大建设项目的国家统筹补充

耕地办法，探索建设占用耕地补充责任的多元化实现途径，推进补充耕地的跨区域国家统筹，全面推进建设占用耕地耕作层的剥离再利用工作。

3. 建立粮食生产功能区和重要农产品生产保护区

健全粮食主产区利益补偿机制，继续实施优质粮食产业、种子、植保和粮食丰产科技等工程，支持粮食主产区发展粮食生产和促进经济增长，确保稻谷、小麦等口粮种植面积基本稳定。

4. 完善粮食安全系统

深入推进粮食绿色高产高效创建，加强对粮食生产、消费、库存及进出口的监测和调控，建立和完善粮食安全预警系统，维护国内粮食市场的稳定。

（二）加快推进农业结构调整，推进农村第一、二、三产业融合发展

（1）加快推进农业结构调整，推动粮经饲统筹、农林牧渔结合、种养一体化发展。重点是调整农业种植结构，支持优势产区加强棉花、油料、糖料、大豆、林果等生产基地建设；统筹考虑种养规模和资源环境承载力，推广粮改饲和种养结合模式，发展农区畜牧业；分区域推进现代草业和草食畜牧业发展，提高畜禽、水产标准化规模化养殖水平，促进奶业优质安全发展；实施园艺产品提质增效工程，发展特色经济林和林下经济。

（2）优化特色农产品生产布局，加快现代农业示范区建设。

（3）推进农业产业链和价值链建设，建立多形式利益联结机制，培育融合主体、创新融合方式，拓宽农民增收渠道，增加农民增值收益。积极发展农产品加工业和农业生产性服务业，拓展农业功能，加快发展都市现代农业，推进农业与旅游休闲、教育文化、健康养生等深度融合，发展观光农业、体验农业、创意农业等新业态，激活农村要素资源，增加农民财产性收入。

（三）确保农产品质量安全，促进农业可持续发展

1. 全面推行农业标准化生产

重点是完善农业标准，加强对农产品的质量安全和农业投入品的监管，强化产地安全管理，实行产地准出和市场准入制度，建立全程可追溯、互联共享的农产品质量安全信息平台，健全从农田到餐桌的农产品质量安全全过程监管体系；加强动植物疫病防控能力建设，强化对农药和兽药残留超标的治理，严格实施食用农产品添加剂控制标准，强化进口农产品质量安全监管，创建优质农产品品牌，支持品牌化营销。

2. 大力发展生态友好型农业

实施化肥农药使用量零增长行动，全面推广测土配方施肥、农药精准高效施用；实施种养结合循环农业示范工程，推动种养业废弃物资源化利用、无害化处理；开展农业面源污染综合防治，开展耕地质量保护与提升行动，创建农业可持续发展试验示范区。

3. 加强农业国际合作

健全农产品贸易调控机制，优化进口来源地布局，在确保供给安全条件下，扩大优势农产品出口，适度增加国内紧缺农产品进口；积极开展境外农业合作开发，建立规模化海外生产加工储运基地，培育有国际竞争力的农业跨国公司；拓展农业国际合作领域，支持开展多双边农业技术合作。

二、强化科技支撑，完善现代农业生产体系

现代农业生产体系是先进生产手段和生产技术的有机结合，重点解决农业的发展动力和生产效率问题，是现代农业生产力发展水平的显著标志。构建现代农业生产体系，就是要用现代物质装备武装农业，用现代科学技术服务农业，用现代生产方式改造农业，转变农业要素投入方式，推进农业发展从拼资源、拼消耗转到依靠科技创新和提高劳动者素质上来，提高农业资源利用率、土地产出率和劳动生产率，增强农业综合生产能力和抗风险能力，从根本上改变农业发展依靠人力畜力、"靠天吃饭"的局面。

（一）强化科技支撑，完善现代农业的科技体系

完善现代农业的科技体系，一方面，要抓好农业科技创新，改善农业重点实验室创新条件，大幅度地增加农业科研投入，加强国家基地、区域性农业科研中心创新能力建设；启动农业行业科研专项，支持农业科技项目，着力扶持对现代农业建设有重要支撑作用的技术研发；加强农业科技自主创新，加快推进农业技术成果的集成创新，加快生物育种、农机装备、绿色增产等技术攻关，推广高产优质适宜机械化品种和区域性标准化高产高效栽培模式；发展现代种业，开展良种重大科技攻关，实施新一轮品种更新换代行动计划，建设国家级育制种基地，培育壮大育繁推一体化的种业龙头企业；推进主要作物生产全程机械化，促进农机农艺融合。另一方面，要健全和激活基层农业技术推广网络，积极探索农业科技成果进村入户的有效机制和办法，加强基层农业技术推广体系建设，发挥农业院校在农业技术推广中的积极作用，提高基层农业科技成果转化能力；继续支持重大农业技术推广，加强农业科

技推广队伍建设,保证对农技推广队伍建设的投入,坚持国家扶持与自我发展相结合,努力提高科学技术对农业的贡献率。

(二)发展农业机械化,提高农业机械化水平

《中华人民共和国国民经济和社会发展第十三个五年规划纲要》提出,要加快推进农业机械化。农业机械化是农业现代化的重要标志,是衡量现代农业发展的重要标志。发展农业机械化,提高农业机械化水平,重点要在农业机械化的政策扶持、技术培训和标准化建设上下功夫。

1. 完善农机政策扶持体系

完善各项配套法规,抓好扶持政策的落实,依法促进、依法监管,为农机化发展营造更好的环境。

2. 加快农机服务产业化进程

建立和完善农机社会化服务体系,以主要粮食作物的生产机械化为重点,拓宽农机化服务领域,提供农机作业系列化、专业化服务,大力推进农机服务产业化。

3. 抓好农机技术培训工作

要加大对农民特别是农机化实用人才的培养和培训力度,增强农民和农机大户的服务能力及提高其直面市场的经营水平。

4. 加大农机监督管理力度

加强农业机械化标准体系建设,提高农机产品的试验鉴定和质量认证工作水平;加强对农机作业的安全监督管理,构筑农机安全宣传教育、技术检审、执法监控三道防线。

(三)利用信息技术,推进农业信息化建设

第一,加强城乡融合的信息基础设施建设,加强农业信息服务平台建设,用信息技术装备农业,健全农业信息收集和发布制度,整合涉农信息资源,推动农业信息数据收集整理的规范化、标准化,推动信息技术与农业生产管理、经营管理、市场流通、资源环境等的融合。

第二,加快公用农业数据库建设,推进农业大数据应用,增强农业综合信息服务能力。

第三,大力推进"互联网+"现代农业发展,应用物联网、云计算、大数据、移动互联等现代信息技术,推动农业全产业链改造升级。实施农业物联网区域试验工程,推进农业物联网应用,加快发展涉农电子商务,大力发展智慧气象和农业遥感技术

应用，提高农业智能化和精准化水平。

三、发展适度规模经营，构建现代农业经营体系

现代农业经营体系是现代农业经营主体、组织方式、服务模式的有机组合，重点是解决"谁来种地"和经营效益问题，是现代农业组织化程度的显著标志。构建现代农业经营体系，就是要加大体制机制创新力度，培育规模化经营主体和服务主体，加快构建职业农民队伍，形成一支高素质的农业生产经营者队伍，促进不同主体之间的联合与合作，发展多种形式的适度规模经营，提高农业经营的集约化、组织化、规模化、社会化、产业化水平。

（一）完善农村土地制度，发展适度规模经营

构建现代农业经营体系，就是要以发展多种形式适度规模经营为引领，创新农业经营组织方式，构建以农户家庭经营为基础、合作与联合为纽带、社会化服务为支撑的现代农业经营体系，提高农业综合效益。

1.完善农村土地制度

重点是巩固和完善农村基本经营制度，深化农村土地制度改革，完善承包地所有权、承包权、经营权"三权"分置制度，依法推进土地经营权的有序流转，通过代耕代种、联耕联种、土地托管、股份合作等方式，推动实现多种形式的农业适度规模经营。

2.完善农村基本经营制度

进一步推进农村土地承包经营权确权登记颁证，完善土地所有权、承包权、经营权的分置办法，强化土地承包经营权纠纷调解仲裁，发展土地流转、土地托管、土地入股等多种形式的适度规模经营。

（二）完善政策体系，培育新型经营主体

构建现代农业经营体系重点是发展多种形式适度规模经营，培育壮大专业大户、家庭农场、农民合作社、农业企业等新型经营主体，推动家庭经营、集体经营、合作经营、企业经营共同发展。要健全有利于新型农业经营主体成长的政策体系，在财政、金融、保险、用地等方面加大扶持和引导力度，扶持和发展种养大户和家庭农场，引导和促进农民合作社规范发展，培育壮大农业产业化龙头企业；鼓励和支持工商资本投资现代农业，促进农商联盟等新型经营模式发展；建立新型农业经营主体生产经营直报信息系统，加快建设农业信贷担保服务体系，优先支持新型经营主体发展适度规模经营；支持农民通过股份制、股份合作制等多种形式参与规模化、

产业化经营，使农民获得更多增值收益。

（三）加强培训，培养新型职业农民

构建现代农业经营体系，必须大力培养新型职业农民，打造高素质现代农业生产的经营者队伍。发展现代农业，最终要靠有文化、懂技术、会经营的新型农民。要大力实施新型职业农民培育工程，把返乡农民工纳入新型职业农民培训内容，探索开展政府开办农民工创业培训公益性服务试点，引导返乡农民工和大学生到农村创业，发展现代农业，成为"新农民"；要建立与现代农业相适应的技术培训和职业教育体系，调动大学、科研院所等机构的积极性，鼓励面向农业的各种科研机构、高校、非政府组织、民办教育等教育机构服务农村教育，提供面向现代农业的多层次职业教育，促进农村劳动力产业技能的形成；要通过多种渠道、形式的培训，重塑农民的商品理念、竞争理念和效益理念，形成现代农业经营意识，培养新型农民，提高农产品的竞争力。

四、突出社会化，健全农业社会化服务体系

在新时期，突出社会化，健全覆盖全程、综合配套、便捷高效的农业社会化服务体系，是实现农业现代化的重要支撑。提供社会化服务，可以有效地把各种现代生产要素融入农业生产中，不断提高农业的物质技术装备水平，推进农业生产的专业化、商品化和社会化。

（一）实施农业社会化服务支撑工程，培育壮大经营性服务组织

农业社会化服务体系是以公共服务机构为依托、合作经济组织为基础、龙头企业为骨干、其他社会力量为补充，公益性服务和经营性服务相结合、专项服务和综合服务相协调，为农业生产提供产前、产中、产后全过程综合配套服务的体系。因此，首先，要加快培育现代农业服务组织。要根据农业生产全过程的不同需要和专业特点来培育现代农业服务组织，积极开展病虫害统防统治、测土配方施肥、农机承包作业、养殖业粪污专业化处理等服务，支持开展粮食烘干、农机场库棚、仓储物流等配套设施服务，鼓励发展"家庭农场+社会化服务"的经营模式，通过服务规模化带动生产规模化。其次，处理好公益性和经营性的关系。要完善相关政策，激励和支持科研机构、行业协会、龙头企业和具有资质的经营性服务组织从事农业公益性服务，支持多种类型的新型农业服务主体开展专业化、规模化服务。

（二）创新服务机制，增加农业社会化服务形式

健全农业社会化服务体系，就要创新服务机制，拓展农业社会化服务形式，促进社会化服务从农业生产单个环节向全程生产服务转变，从小规模分散服务向大规模建制服务转变，从资源消耗型生产方式向集约型现代农业生产方式转变，推进农业全程机械化、规模化、集约化发展，改善农业生态环境，提高农业生产效率，增强农业综合生产能力。因此，创新农业社会化服务机制，增加农业社会化服务形式，就要推进农业生产全程社会化服务创新试点，加强试点政策实施的业务指导、绩效评价和监督管理，确保试点工作的执行落实；就要积极探索农业生产全程社会化服务有效模式，根据环境容量优化生产布局，进一步提高标准化规模生产水平；就要大力营造推进农业生产全程社会化服务的良好环境，积极推广合作式、托管式、订单式等服务形式，鼓励引导广大农民和各类组织积极参与农业社会化服务活动。

（三）加强流通设施建设，实现农产品新型流通

1. 加强农产品流通设施和市场建设，完善农村配送和综合服务网络

积极采取优惠财税措施，支持农村流通基础设施建设和物流企业发展，加快建设一批设施先进、功能完善、交易规范的鲜活农产品批发市场，健全统一开放、布局合理、竞争有序的现代农产品市场体系；加快农产品批发市场升级改造，完善流通骨干网络，加强粮食等主要农产品仓储物流设施建设；完善跨区域农产品冷链物流体系，开展冷链标准化示范，实施特色农产品产区预冷工程；推动公益性农产品市场建设，支持农产品营销公共服务平台建设，开展降低农产品物流成本行动，在搞活流通中促进农民增收。

2. 发展农村电子商务，实现农产品新型流通

鼓励发展农村电子商务，实施"快递下乡"工程，深化供销合作社综合改革。尤其是要促进农村电子商务加快发展，形成线上线下融合、农产品进城与农资和消费品下乡双向流通格局。要加快实现行政村宽带全覆盖，创新电信普遍服务补偿机制，推进农村互联网提速降费；加强商贸流通、供销、邮政等系统物流服务网络和设施建设与衔接，加快完善县、乡、村物流体系，实施"快递下乡"工程；鼓励大型电子商务平台企业开展农村电子商务服务，支持地方和行业健全农村电子商务服务体系，建立健全适应农村电子商务发展的农产品质量分级、采后处理、包装配送等标准体系，深入开展电子商务进农村综合示范活动，加大信息进村入户试点力度。

五、增加投入，完善农业支持保护制度

完善农业支持保护制度，就是要以保障主要农产品供给、促进农民增收、实现农业可持续发展为重点，完善强农惠农富农政策，提高农业支持保护效能。完善农业支持保护制度主要体现在持续增加农业投入、完善农产品价格和收储制度、创新农村金融服务三方面。

（一）强化农业基础，持续增加农业投入

增加投入是现代农业发展的物质保证，是强化农业基础的迫切需要。要不断开辟新的农业投入渠道，逐步形成农民积极筹资投入、政府持续加大投入、社会力量广泛参与的多元化投入机制。

1. 建立农业农村投入稳定增长机制

要积极调整财政支出结构、固定资产投资结构和信贷投放结构，中央和县级以上地方财政每年对农业总投入的增长幅度应当高于其财政经常性收入的增长幅度，尽快形成现代农业建设稳定的资金来源。

2. 优化财政支农支出结构

创新涉农资金投入方式和运行机制，推进整合统筹，提高农业补贴政策效能。加大支农资金整合力度，抓紧建立支农投资规划、计划衔接和部门信息沟通工作机制，完善投入管理办法，集中用于重点地区、重点项目，提高支农资金使用效益。要注重发挥政府资金的带动作用，引导农民和社会各方面资金投入现代化农业的建设当中。

3. 完善补贴制度

近几年实行的各项补贴政策，深受广大农民的欢迎，要不断巩固、完善和加强，逐步形成目标清晰、受益直接、类型多样、操作简便的农业补贴制度。要逐步扩大"绿箱"补贴规模和范围，调整和改进"黄箱"政策；建立耕地保护补偿制度，将农作物良种补贴、种粮农民直接补贴和农资综合补贴"三项补贴"合并为农业支持保护补贴，完善农机具购买补贴政策，并向种粮农民、新型经营主体、主产区倾斜。

（二）加强粮食收储供应安全保障，完善农产品价格和收储制度

1. 深入推进农业供给侧结构性改革

重点围绕市场的需求来进行生产，优化农业资源的配置，扩大农产品的有效供给，增强供给结构的适应性和灵活性。要坚持市场化改革取向和保护农民利益并重，综合考虑农民合理收益、财政承受能力、产业链协调发展等因素，完善农产品市场调

控制度和市场体系。

2. 探索开展农产品目标价格保险试点

按照市场定价、价补分离的原则,继续实施并完善稻谷、小麦的最低收购价政策,深化棉花、大豆的目标价格改革;积极地稳妥推进玉米价格形成机制和收储制度改革,建立玉米生产者补贴制度。

3. 实施粮食收储供应安全保障工程

要科学确定粮食等主要农产品储备规模,改革完善粮食储备管理体制和吞吐调节机制,引导流通、加工企业等多元化市场主体参与农产品收储,推进智慧粮库建设和节粮减损。

(三) 创新农村金融服务,建立农业风险防范机制

加快制订农村金融整体改革方案,努力形成商业金融、合作金融、政策性金融和小额贷款组织互为补充、功能齐备的农村金融服务体系。首先,发挥各类金融机构支农作用,发展农村普惠金融。完善开发性金融、政策性金融支持农业发展和农村基础设施建设的制度;推进农村信用社改革,增强省级联社服务功能;积极发展村镇银行等多形式农村金融机构,稳妥开展农民合作社内部资金互助试点;建立健全农业政策性信贷担保体系。其次,建立农业风险防范机制。加强自然灾害和重大动植物病虫害预测预报和预警应急体系的建设,提高农业防灾减灾能力;完善农业保险制度,按照政府引导、政策支持、市场运作、农民自愿的原则,建立完善的农业保险体系;稳步扩大"保险+期货"试点,扩大保险覆盖面,提高保障水平;完善农业保险大灾风险分散机制,探索建立中央、地方财政支持的农业再保险体系,鼓励龙头企业、中介组织帮助农户参加农业保险。

第三章 面向新时代，推进农村政治发展

社会主义政治文明是我们党始终不渝的追求，人民民主是社会主义的生命。习近平同志强调："没有民主就没有社会主义，就没有社会主义的现代化，就没有中华民族伟大复兴。"党的十九大报告指出，"健全人民当家做主制度体系，发展社会主义民主政治""扩大人民有序政治参与，保证人民依法实行民主选举、民主协商、民主决策、民主管理、民主监督""巩固基层政权，完善基层民主制度，保障人民知情权、参与权、表达权、监督权"。实施乡村振兴战略，必须加强基层民主建设，推进农村政治发展。农村政治在我国政治整体中处于最基础的地位，既是中国社会涉及主体最广泛的政治，也是覆盖范围最大的政治。农村政治发展既是我国政治发展的重要组成部分，也是我国基层民主政治建设的重要内容，其目标是在中国现代化进程中实现农村的政治民主和维持社会稳定。改革开放以来，我国农村政治立足于农村的政治、文化和社会条件，形成了以"乡政村治"为主要标志的农村政治发展模式，在农村政治发展目标上体现出特有的精神实质和思想内涵。

第一节 中国农村政治变迁

我国农村政治的变迁历程经历了从"官政自治"到"专政劣治"、从"集权统一"到"乡政村治"的四次转型。

一、封建帝国时代的"官政自治"模式

封建帝国时代的农村政治主要表现为建立于农业文明基础上的"官政自治"模式，其突出特征是通过利用乡村精英参与乡村社会治理，将国家治权与乡村自治有效结合。从公元前221年秦统一六国以来，到1911年辛亥革命推翻清朝专制帝制、建立共和政体的这段历史时期，广袤的土地、众多的人口、以儒家文化为基础的礼俗制度、国家权力的有限性，是这一时期我国封建帝国时代最典型的特征。面对数以万计的村落和亿万民众，封建皇权可谓鞭长莫及，无法延伸至每个村落。在国家与社会之间存在着一个由乡绅、族长、乡保、村老等构成的重要的中间阶层，他们在乡村社

会与国家之间进行斡旋,是农村政治活动中的主角。这种"官政自治"的农村政治模式确保了我国的乡村社会秩序两千多年超乎寻常的稳定,其间虽然经历了农民的反叛、王朝的更替,但乡村社会秩序依旧稳定。

（一）实现了国家治权与乡村自治的有效对接

"官政自治"是一种国家治权与非正式的民间自治相并行的乡村治理模式,是封建帝国时代乡村政治的特色。封建帝国时代的国家治权一般只延伸到县衙门,即所谓的"国权不下县",皇权对农村百姓来说只是一种想象。只有在交粮交租、征兵充军、治水、赈灾时,老百姓才能领略和感受到国家的存在。即便是这样,国家和老百姓也不直接打交道,而是通过农村精英阶层如族长、乡绅士绅、长老等群体来完成国家对农村资源的汲取、摊派与公共事务分配,由此形成"官—绅（长老、族老）—民"的乡村治理结构。国家尽可能地将管理事务交给民间,尽量减少对民间事务的介入,让村民自我管理、自我监督,国家治权一般不干预村庄自治与村庄公共秩序。这种农村政治模式的核心在于,在自上而下的中央国家治权与自下而上的乡村自治之间通过乡绅阶层的中介性角色寻找契合点,实现国家治理与乡村自治之间的有效对接,进而确保乡村社会秩序的和谐稳定与公共事务的有序展开。

（二）体现了中央集权与乡村自治的有机结合

农村社会关系、社会矛盾、社会冲突的调适与农村社会秩序的维系不是靠皇权的威慑与专制权力,而是靠乡村礼俗、村社伦理、非正式的村规乡约。在乡村治理实践中,国家尽可能地把地方治理的很多功能让渡给民间乡村精英和基层组织,让乡村精英依照乡村礼俗和乡村伦理来解决纠纷。因此,国家将乡村治理的权限下放到村庄,由村民推选和认可的乡村精英来自行行使治权,只有在民间调解机制失效时国家权力才介入,"以礼治为主,礼法兼治"。这样,国家既赋予乡村社会较大的自治空间,又保留介入乡村社会的必要治权。国家、村内精英、乡民之间不是一种单向度的支配—服从关系,而是一种双向的互动过程。所以,乡村自治并不意味着国家与乡村社会的对立,而是相互合作和相互依靠,意味着皇权"官政"与民间"自治"的结合。

（三）"官政自治"模式的前提是社会稳定

封建帝国时代所形成的"官政自治"模式,使国家治理成本大大降低,确保了中国农村社会两千多年的和谐稳定。这种模式得以实施和顺利运行的前提是社会稳定,具体表现为国家政治制度的高度统一性、国家主权的完整性、小农经济的滞后性、居住空间的固定性和土地政策的稳定性等。近代以来,中国社会经历了从未有过的大变局，西方列强的殖民掠夺、晚清王朝的腐朽没落、清末新政与民族救亡运动、民主革命和民族复兴运动的兴起，激烈地冲击着传统封建王朝的统治基础。随着辛亥革命和资产阶级民主共和国的建立，在中国运行了两千多年的封建专制制度退出了历史舞台，封建帝国时代的"官政自治"模式也走向终结。

然而，"官政自治"模式的终结，并没使乡村治理走向善治。民国年间，国家治权的不断深入和各大军阀对农村社会的掠夺，导致农村社会面临前所未有的危机，中国农村社会进入"专政劣治"时代。

二、民国时期的"专政劣治"模式

从清末新政到孙中山领导的民主革命的胜利及其中华民国的成立，我国社会掀开了现代社会发展的新篇章。在新的社会发展阶段，国家治权逐步向村落延伸，各级政府试图通过对乡村社会的控制来实现其攫取更多财富和资源的目的，我国农村社会进入以"强人和暴力是乡村社会秩序的主导性力量"的"专政劣治"模式时期。"专政劣治"乡村治理模式的典型特点就是不断推行国家政权建设与乡村自治运动，加强国家对底层农村社会的进一步压榨和剥夺。

（一）强化专政，频繁推行乡村自治运动

民国年间，南京临时政府、北洋军阀政府和国民党政府等政权先后推行了各种类型的乡村自治运动，企图将乡村治权纳入国家管控。尽管这些乡村自治运动，都披上了一层现代民主政治的外衣，但其目的不是为民众造福、维系乡村秩序，而是最大限度地从乡村索取资源。民间社会所认可的保护型乡村精英被官府安排的盈利型乡村恶棍取代。这些乡间无赖既是国家在底层的代理人，又是村社领袖，这种双重角色使他们成为典型的"官之差役"，扮演了"外界政府"向村庄"要钱、要粮、要人"和索取更多资源与利益的"盈利型经纪"，这种乡村政权"痞化"、无赖土豪痞棍充任公职人员的情况，导致乡村治理危机日益恶化。

（二）监管无力，导致乡村社会长期处于失序状态

乡村治理"专政劣治"的困境，使农民成为土豪劣势、痞棍恶徒的鱼肉对象，农村的衰败与乡村治理的恶化是当时乡村社会生活的常态。这种政府尽量延伸治权，依赖土豪痞棍加强了对乡村社会的控制，但又无从对这一群体的乡村治权进行有效监管的情形，造成国家治权与乡村自治的脱离，使底层民众遭受到各级政府和乡村恶棍的双重剥夺，国家政权的合理性与合法性受到民众的普遍质疑，导致其威信降低，最终导致乡村社会关系发生质变、人民生活困难，使乡村社会管理处于失序状态。

因此，要改变乡村治理的"专政劣治"局面，就应该从根本上颠覆国民党政府性质、根除土豪劣绅对乡村社会秩序的破坏。伴随国民党政府的下台和中华人民共和国的成立，民国时代形成的"专政劣治"乡村治理模式走向终结。

三、集体化时代的"集权统一"模式

中华人民共和国的成立，不仅从根本上摧毁了封建主义和官僚资本主义对社会秩序的破坏和对普通民众的压榨行为，而且重构了乡村社会与国家、国家与农民、乡村精英与下层民众之间的阶级权力关系。随着新生政权的稳固、土改运动的完成、人民当家作主地位的逐步确立和一系列新的社会政治运动的展开，乡间土豪劣绅被彻底铲除，广大农村社会发展的能量得到了充分释放，我国农村社会治理迈向集体化时代的"集权统一"模式。

（一）开展农民合作化运动，完成对乡村社会的集体化改造

中华人民共和国成立后，新生政权通过以"打土豪、分田地"为基础的农村土地改革运动，使以贫下中农为主体的劳苦大众真正成为土地的主人。然而，如何消解传统小农的私有化生存逻辑，如何将传统分散的个体化小农组织起来，如何将以家户经济为基础的农民改造成为社会主义新型农民，这是当时党和国家必须应对的重大问题。因此，新生政权通过一系列的农民合作化运动，通过在广大农村先后成立互助组、初级社和高级社，完成了对乡村社会的集体化改造，农民被成功融合在国家治权的体制之中。

（二）建立人民公社，形成了集权式乡村动员体制

随着农村高级社的建立和合作化运动的持续展开，到了高级社阶段，乡村社会已完全整合到自上而下的国家治理体系中。然而，农村高级社的建立不是农民合作化运动的终点，新生政权的主要目的在于实现广大农村社会的高度政治化、组织化和社会化。最终，人民公社成为农民合作化运动的归宿。因此，人民公社的建立，将国家行政权力体制与乡村社会的经济组织结合在一起，真正实现政社合一，扮演着底层社会国家治权代理人的角色。在人民公社组织结构中，我国乡村社会形成了以公社、生产大队、生产队为基础的农村基层治理格局，三者通过自上而下的纵向权力整合机制实现对乡村社会的治理与改造，我国农村社会形态呈现出组织规模扩大化、日常管理军事化、社会生活政治化、行政体制科层化等特征，新生政权形成了以集权统一为特征的"集权式乡村动员体制"与单轨治理格局。

人民公社作为乡村社会的政治、经济与社会组织，全面支配着农民的社会生活，

任何农民都不可能离开公社而独立生存。城乡分治的二元户籍制度，更是严格限制了农民社会流动的可能，导致农民对公社、生产大队和生产队的高度组织性依附。

（三）突出政治运动，实行单向度的控制型治理模式

突出"以阶级斗争为纲"的政治运动和泛政治化是人民公社时期乡村农民社会生活的常态。从人民公社的成立直至终结，各种政治运动与阶级斗争从未停止过。农民社会生活中充斥着革命、斗争，农民参与政治运动表现出较强的盲从性、被动性，而一系列的政治运动也导致了乡村社会生活、社会关系与社会秩序的高度紧张。同时，人民公社通过自上而下的纵向协调机制形成了对乡村社会的全面管控，自上而下的国家治权渗透到乡村社会的每一个毛孔之中，乡村社会成为高度行政化、组织化和政治化的社会单元，政治权力的高度渗透和严格的计划经济使农民失去了传统的自由。传统乡村社会形成的双轨治理模式被自上而下的单向度的控制型治理模式所取代。

1978年12月，党的十一届三中全会召开后，随着国家一系列农村政治经济制度的变革，国家对以人民公社为基础的农村基层政权组织进行了改革，将人民公社改建成乡镇，将生产队、大队改建成以村民自治为核心的村民委员会。从此，国家权力收缩至乡镇一级，国家尽可能地减少对农民社会生活的干预，建立在集权统一基础上的农村单轨治理模式退出了历史舞台。

四、改革开放后的"乡政村治"模式及其发展

改革开放后，党和政府建立以乡镇政府为基础的农村基层政权来行使国家治权，而在乡镇以下实行村民自治，由村民自行选举村干部组成村民委员会来自行管理乡村社会事务，体现了国家对农民政治参与权利的尊重，改变了自中华人民共和国成立以来乡村组织化的进程，标志着国家行政权与乡村自治权的相对分离，形成了"乡政村治"模式。

"乡政"即国家将原来的公社建制改造为乡镇建制，通过设立乡镇人民政府，对本乡镇事务行使国家行政管理职能，实现国家对乡村社会的社会管理。"村治"即撤销原来的生产大队的国家权力，将之改造成具有村庄自治性质的村民委员会，由村民通过民主选举、民主决策、民主管理、民主监督的方式来实现乡村社会治理。乡（镇）与村之间的关系是指导与被指导的关系。在"乡政村治"体制下，基层农村管理体制中并存着两个处于不同层面且相对独立的权力：一是自上而下的乡镇政府（代表国家）的行政管理权；二是村委会（代表村民）的自治权，履行着宪法和

法律赋予的各项职权。

近年来，在农民生活个体化、农民行为理性化、乡村社会组织碎片化、人口流动超常规化、村落共同体空心化等背景下，国家和基层政权组织将农民基本的生存权、发展权、就业权和社会福利权置于乡村社会治理的核心，通过国家与社会、基层政权与农民的合作共治，实现乡村社会的和谐稳定。同时，尊重农民主体性，重视村落内生性组织的培育，通过社区组织能力建设，提升乡村社会与国家、与基层政权之间的关系协调能力，形成自上而下的国家治权与自下而上的乡村治权之间的"协商共治"。

第二节　中国农村政治发展研究的理论框架

在当代中国农村政治发展研究中，运用较多的理论框架主要有制度主义框架、国家政权建设框架、国家与社会关系框架、国家基础权力框架四种。

一、制度主义框架

制度分析是政治学研究的经典方法，自亚里士多德开始，政治制度就成为政治学者关注的重点对象。第二次世界大战后，行为主义政治学的兴起，使传统制度主义政治学被边缘化。20世纪70年代以后，新制度主义研究方法首先在经济学界兴起，后被政治学者们所采用。美国政治学家詹姆斯·马奇和约翰·奥尔森是最早倡导在政治学研究中运用新制度主义方法的学者。新制度主义政治学对行为主义政治学中的过于简约化、技术化和功利化等弊端进行了批评，提出应该关注制度结构之类的宏观因素对人类政治行为和政治变迁的影响，强调通过设置特定的制度安排来改变或者重塑人们的政治行为。由此，人类的政治现代化就被视为一套先进政治制度替代落后政治制度的过程。

我国乡村政治变迁是与人们对现代化道路的探索紧密联系在一起的，现代化的历史就是一部农村变迁史。在探索改造农村的过程中，首先诞生的是制度主义路径。该路径的理论前提预设在于，农村传统观念、制度的滞后性构成阻碍现代化发展的原因，要改造农村，就必须将一整套现代制度植入农村。在20世纪初，晏阳初等人曾经在我国部分地区开展了乡村建设运动，试图用现代的思想、理念和制度来重塑农民、改造农村。由于运动自身目标的局限性，兼及缺少国民党政权强有力的支持和有效的动员组织机制，乡村建设运动未能取得成功。中华人民共和国成立后，解放农民、改造农村也是中国共产党人的一项重要任务,这一任务的完成依托强大的意识形态和密集的权力组织网络。由此,传统的家庭、家族、村落因素遭到沉重打击,农民对民族及国家的认同和忠诚大大增强。人民公社体制解体后,我国乡村社会进入"乡政村治"阶段。

1982年我国修订颁布的《宪法》规定,"村民委员会是基层群众自治性组织",由此掀开了我国乡村治理史上崭新的一页。众多学者怀揣着现代化这一理论武器,试图从乡村社会发现中国民主之路。他们主张,通过自上而下推动的村民自治制度,可以奠定我国民主政治的基石,认为农村的问题就是制度的问题,只要引入现代制度,就必然能够缓解"三农"问题。然而,在经过一段时间的试验与研究之后,学者们发现,乡村社会的现代化、民主之路并非简单的制度移植和嵌入所能行得通,而单纯的制度分析也难以获得对各类社会事实的真切把握。在理论层面,一些学者指出,仅仅注重对制度、结构的静态化描述,必然会遮蔽许多偶然的、流动的隐秘,而正是这些偶然性、隐秘性的东西构成了社会事实的本质,这些本质有利于我们认识和理解各种社会现象。在实践层面,践行多年的村民自治制度的效果并未达到人们的预期目标。现实的复杂性促使人们对制度主义的适用性进行反思。

二、国家政权建设框架

国家政权建设概念是查尔斯·蒂利等人在研究西欧国家形成时提出来的。国家政权建设主要指国家从多中心的、多权威的、分散割据的状态向统一的、中央集权的国家转变的过程。在这一过程中,包括三方面的内容:一是国家权力对社会的渗透加强,人员机构不断下沉,实现从间接统治到直接统治的转变;二是官僚机构的理性化、制度化加强;三是为应付大量的战争而导致国家汲取资源能力的提升。

国家政权建设框架主要从国家的视角来理解我国乡村的政治变迁。在这一框架里,乡村政治发展是国家主导的单向度嵌入过程,目的是服务统治者的治理需求,而主要不是满足乡村社会的需要。在《文化、权力与国家》一书中,杜赞奇运用国家政权建设框架来分析近代华北的乡村政治变迁,认为近代我国国家政权建设出现内卷化,是由于传统的权力文化网络遭到破坏,而新的权力文化网络未能建立。此后,这一框架在我国乡村政治研究界迅速流行,并受到众人的追捧。但也有一些学者针对这一框架做出了反思。这些学者认为,国家政权建设理论是以近代欧洲民族国家形成为研究背景的,其所依据的是西欧的经验。近代西欧国家的显著特征是其封建制、割据性,其所面临的关系是国王与封建诸侯和地方割据势力之间的关系。由此,西欧国家形成所要解决的是国家权力过于分散的问题。这就决定了国家政权建设的主要内容是国家权力向乡村社会单向度、刻板地渗透的过程，与之相伴的则是官僚机构和人员设置的下沉。而我国则与之不同，自秦代以后，中国就是一个统一的中央集权国家，并建立了制度化的官僚体系。近代西欧所面临的封建割据、权威分散和理性化官僚体系的建立等问题对近现代中国而言并不存在。所以，将国家政权建设框架运用到我国乡村政治变迁研究时就需要格外谨慎。

在对国家政权建设框架进行反思的基础上，有学者提出国家治理转型的分析框架。国家治理转型所关注的是政权和权力的合法性来源问题，其主要指向是现存的政治体制与政治秩序。这一框架在试图凸显中国国情独特性的同时，却不可避免地陷入"对西欧经验的单向度强调"，其对中国民主政治发展的宏大关怀，也使其所凸显的中国乡村社会经验往往成为这一关怀背景下的附属物，从而难以得到乡村政治经验的真切理解。

三、国家与社会关系框架

自20世纪90年代初兴起，国家与社会关系框架就发端于一些学者所发动的一场寻找市民社会的运动，而市民社会研究又源于国际与国内背景的变化。从国际上看，20世纪以来尤其是第二次世界大战后国家对经济社会生活的干预日益加深，致使社会领域大大萎缩。在此情况下，各国学者开始对"国家主义"进行反思与批判。就国内而言，改革开放以后，我国拉开了从计划经济向市场经济过渡的大幕。与此同时，进行政治体制改革、推动民主政治建设也逐渐被提上议事日程。在这一背景下，一些学者将西方市民社会理论引入中国，运用国家与社会分析框架研究中国问题。

受国家与社会关系框架的指引，学者们戴着西方的有色眼镜试图在我国寻找出类似的市民社会，并企望通过社会的发展壮大能够改变过去"全能主义"体制下国家对社会高度控制的状况。但是中国实际上并不存在西方意义上的市民社会，在中国更为普遍的情况是社会仍然受国家所规约和控制，没有独立的市民社会，而只有内在于国家的社会。社会的存在，需以国家的在场为前提。在反思这一理论框架对中国社会的适用性时，学者们对这一框架本身进行了修正。有学者提出，中国并不存在西方意义上的市民社会，恰恰相反，国家与社会往往是交互作用。

另有学者在讨论中国乡村政治时，提出"地方秩序"的分析框架。"地方秩序"框架主要有两层含义：一方面，它强调中国地方社会的非正式性和非规则性，并认为这种特性不仅存在于传统乡村社会中，而且在当下仍然有其生存空间；另一方面，它侧重于地方社会与国家享有一套共同的意识形态，这种意识形态能够有效对接国家的治理目标和任务，从而维系地方秩序。这一框架过于侧重中国乡村社会中的传统特征及其延续,而对乡村社会的当下现实理解不够。改革开放后,在市场经济的冲击下,乡村基层社会也在发生巨大变化,"地方秩序"的框架在凸显中西方差异和乡村社会传统时,却有意无意地回避了我国乡村治理的变化及其现实。在这一框架中,国家的作用遭到屏蔽,而社会的角色又无法凸显。另外,这个理论框架只关注乡村的历史,而未聚焦乡村的当下,只有乡村的理想类型,而无乡村的真实面貌。

四、国家基础权力框架

国家基础权力理论可以追溯到马克斯·韦伯的国家官僚制理论。韦伯认为,在西方现代国家形成的过程中,统治者通过专业性强、分工严密的官僚制加强了对社会的控制,增强了自身权力。但是韦伯在讨论国家权力时,未能将"渗透"和"权力"进行区分,混淆了集体性基础权力和个别的专断权力。前者被制度国家理论所强调,而后者被真正的精英论所强调。此后,英国社会学家迈克尔·曼、美国社会学家乔尔·S.米格代尔等对这一观点做了进一步的阐释,指出专断权力是一种针对市民社会的国家个别权力,它由国家精英运作且无须跟市民社会协商即可行使;基础权力属于集体性权力,它渗透进入市民社会,体现了一个中央集权国家的制度能力,用以协调社会生活。在制度主义国家理论中,制度和基础设施建设被作是国家基础权力的重要组成部分,认为国家基础权力实际上就是国家的社会控制能力,它不只意味着国家机构和人员对社会的渗透,也不仅仅是成功地获取资源,还包括为特定目标恰当地分配资源、规制人们的日常行为的能力。

国家基础权力实质上就是国家渗透社会的能力,制度建设、意识形态、代理人监控、社会控制和资源汲取等是国家基础权力的主要内容。国家基础权力的发展过程就是国家实现从间接统治向直接统治转变并以自己的意志和规则重塑人们行为活动的过程。它具有三个特征:渗透性、协商性(集体性)、国家与社会的双向互动性。具体到我国乡村社会而言,国家基础权力就是国家对乡村社会的渗透能力,是国家建立各类基础设施,改造、利用地方性知识,扶植和监控地方代理人以有效贯彻其决策意图、实现其治理目标的能力。在国家基础权力这一理论框架里面,不仅包括国家权力向社会的单向度渗透和人员机构设置的下沉,而且包括国家的规则取代地方社会规范、形塑人们行为取向的过程。

运用国家基础权力理论框架来展开乡村政治研究,可以凸显国家在当下乡村社会秩序建构中的主导作用,呈现出国家权力进入乡村社会时的复杂性。进而言之,国家基础权力框架一方面可以避免国家政权建设框架的单向度、刻板化的弊端;另一方面又可回应当下乡村社会对国家权力和秩序与治理的渴求。目前,我国乡村治理所面临的不是一个简单的国家政权建设问题，而是一个国家基础权力如何增强的问题，是如何将国家的方针政策、制度规则有效渗透进入乡村社会的问题，是如何建构秩序、满足农民对治理的渴求的问题。因此，国家基础权力的框架不是落脚于民主等宏大的政治关怀，而是强调通过国家权力的介入，实现乡村社会的善治秩序。

第三节　农村政治发展的目标

我国农村政治发展是国家政治发展的重要组成部分，农村政治发展目标必须服从国家政治发展总目标。同时，农村政治发展目标又要从农村的政治、文化和社会条件出发，反映农村政治发展规律。纵观改革开放以来中国农村的政治发展实践，推进农村政治发展的基本思路以"乡政村治"为主要标志，发展的目标主要表现为农村基层民主、农村群众自治、农村政治稳定和农民政治平等。

一、农村基层民主

农村基层民主是我国社会主义民主法制建设和政治体制改革的一项重要内容，指农村基层组织实行民主选举、民主决策、民主管理、民主监督，村务和政务公开，即"四个民主、两个公开"。中国农村基层民主是20世纪70年代末80年代初开始的农村经济体制改革推动的结果。作为一种乡村治理模式，其本质上以市场经济为基础，以整合新时期农村利益结构和权威结构为目标，按民主理念设计的具有现代意义的乡村民主制度。"四个民主、两个公开"是农村基层民主的核心所在，它保证了人民群众直接参加国家和社会事务的管理。

1978年12月，党的十一届三中全会胜利召开，做出了把工作重点转移到社会主义现代化建设上来的战略决策。邓小平指出："在总结经验的基础上，党的十一届三中全会提出一系列新的政策。就国内政策而言，最重大的有两条：一条是政治上发展民主，一条是经济上进行改革，同时相应地进行社会其他领域的改革。"发展民主成为社会主义政治发展的基本目标。1981年6月，中国共产党十一届六中全会做出了逐步实现人民直接民主的主张。1987年，彭真在全国人大常委会讨论《中华人民共和国村民委员会组织法（试行）》时的讲话中表明，中央希望以民主的方式重新整合乡村社会的主张，他指出："实行基层群众自治，发展基层直接民主，既是宪法的规定，也是党的主张。"正是基于我国历史、国情等综合因素，国家确立了农村基层民主目标。在一定意义上，村民自治制度安排是国家在农村确立基层民主目标的标志。从法律规定和制度文本来看，村民自治的主要内容有四方面：以直接、平等、无记名投票为基本原则的民主选举制度；以村民会议、村民代表会议为主要形式的民主决策制度；以村民自治章程、村规民约为基本形式的民主管理制度；以村务公开、民主理财为重要特征的民主监督制度。

这种承认村民个人民主权利的政治体制，其民主化价值取向充分显现出来，具体表现在：其一，村民委员会成员均由村民直接选举产生，彻底改变了自上而下任命的传统做法，村民委员会成员获得了前所未有的政治认同，增强了其政治合法性。一大批政治素质好、业务能力强、能够带领村民致富的农村政治精英走上农村政治舞台，增加了农村政治活力。其二，《中华人民共和国村民委员会组织法》赋予村民会议最高的决策职能，贯彻直接民主精神。为了解决村民会议难以召开的实际问题，《中华人民共和国村民委员会组织法》还设计了村民代表会议制度。这样，村庄间接民主与直接民主相互补充，村民自治制度承载的民主更加可行。其三，村民自治章程把村民自治的民主思想、民主制度和民主机制变成农民能够理解和接受的规范，农民依照章程行使民主自治权利，章程成为农村基层民主法律化和规范化的标志。其四，村民自治制度保护了村民的民主权利，村民的民主选举、民主决策、民主管理、民主监督权利得到了充分的承认。同时，村民自治制度通过程序规定使村民的政治权利获得了实现的渠道和途径，村民以自主的"政治人"身份活跃在农村政治舞台上。此后，一些乡镇相继推出"政务公开"、乡镇长"直选""公推公选"等政治改革举措，这是农村基层民主目标得以巩固和深化的主要体现。

二、农村群众自治

《中华人民共和国村民委员会组织法》第二条规定："村民委员会是村民自我管理、自我教育、自我服务的基层群众性自治组织，实行民主选举、民主决策、民主管理、民主监督。"因此，村民自治不仅是国家在农村的一种民主安排，也是国家对农民的一种自治承诺。2007年10月，党的十七大报告强调，要健全民主制度，丰富民主形式，拓宽民主渠道，依法实行民主选举、民主决策、民主管理、民主监督，保障人民的知情权、参与权、表达权、监督权。报告还强调要健全基层党组织领导的充满活力的基层群众自治机制，扩大基层群众自治范围，完善民主管理制度，把城乡社区建设成为管理有序、服务完善、文明祥和的社会生活共同体。2012年11月，党的十八大报告明确指出，在城乡社区治理、基层公共事务和公益事业中实行群众自我管理、自我服务、自我教育、自我监督，是人民依法直接行使民主权利的重要方式。报告还指出要健全基层党组织领导充满活力的基层群众自治机制，以扩大有序参与、推进信息公开、加强议事协商、强化权力监督为重点，拓宽范围和途径，丰富内容和形式，保障人民享有更多更切实的民主权利。2017年10月，党的十九大报告进一步强调，要扩大人民有序政治参与，保证人民依法实行民主选举、民主协商、民主决策、民主管理、民主监督；巩固基层政权，完善基层民主制度，保障人民知情权、参与权、表达权、监督权。因此，农村群众自治不但是农村政治发展追求的价值目标，而且有着自身的特点。

第一，自治的群众性。依照《中华人民共和国村民委员会组织法》的规定，村民委员会是农村基层群众性自治组织。村民委员会既不属于国家行政系统的一部分，也不是国家行政机关的派出机关和下级机关，乡、民族乡、镇的人民政府对村民委员会的工作给予指导、支持和帮助，但是不能干预依法属于村民自治范围内的事项。村民委员会的权力来自村民的授予，自治的主体是农村群众，不是地方或机构。村民自治不能与"村自治"和"村民委员会自治"混淆。

第二，自治的有限性。我国在推行农村村民自治时，一方面强调村民委员会办理本村公共事务和公益事业的自治权；但另一方面又规定村民委员会协助基层政府开展工作。一般情况下，村民委员会不直接办理行政事务，但必要时，其不但要受基层政府的委托，村民委员会还要担负行政职能。基层政府与村民委员会的权力划分不明确，基层政府的行政权与村民委员会自治权的冲突一直是在农村村民自治过程中的难题。此外，党在农村的基层组织是农村的政治核心，决定本村经济建设和社会发展中的重要问题，村民自治机关在党的农村基层组织领导下行使自治权，农村基层党组织的直接领导是我国农村村民自治的一大特色。

第三，自治的民主性。自治与民主属于不同的政治范畴，民主强调多数人的意志，而自治意味着自己处理自己的事务，自治的主体既可能是多数人，也可能是少数人。社会主义民主制度的建立为民主与自治的结合开辟了广阔前景。列宁指出："实际上，民主集中制不但丝毫不排斥自治，反而以必须实行自治为前提。"在我国，村民自治把自治与民主结合了起来。

村民通过村民自治达到对村级公共事务的管理和参与，通过民主实现个人民主权利的主张。从村民自治制度设计上看，直接民主是其核心理念，但考虑到农村实际情况，村民自治制度也被纳入间接民主因素中。

第四，自治的外生性。村民自治虽然是广大农民自主创新和政府积极推动相结合的产物，但是，从某种程度上来说，在"强政府—弱社会"的格局下，没有政府的行政、法律和政策推动，村民自治的法律化、制度化和规范化是不可能实现的。

三、农村政治稳定

政治稳定是指政治体系中的各种政治力量相对平衡，社会政治生活有序进行。就巩固政权来说，政治稳定是政治发展优先选择的价值目标。处于社会转型过程中的发展中国家，无不面临着社会发展与社会稳定的历史难题。邓小平指出："中国的问题，压倒一切的是需要稳定。没有稳定的环境，什么都搞不成，已经取得的成果也会失掉。"农村政治稳定是农村政治秩序的建立和维持，是农村政治系统在运行中所表现的持续性，具体表现为农村政治规范出现有序变化、农村政治组织获得权威性和合法性、农村政策连续并得到贯彻、农村政治生活有序进行等。2008年10月，《中共中央关于推进农村改革发展若干重大问题的决定》指出，农业、农村、农民问题关系党和国家事业发展全局。促进社会和谐，必须抓住农村稳定这个大局，完善农村社会管理，促进社会公平正义，保证农民安居乐业，为实现国家长治久安打下坚实基础。转型时期的中国仍然是一个农业大国，农村人口占绝大多数，维护好农村政治秩序是党和国家政策的出发点。从某种意义上看，保持农村的政治稳定是我国政治局势稳定的关键。

第一，"乡政村治"模式承载着维护农村政治秩序的需要。20世纪70年代末，一些地方兴起了家庭联产承包责任制，人民公社制度受到了严重冲击。20世纪80年代末，广西宜山、罗城两县农民自发组建村民委员会，由村委会负责本村的社会治安、纠纷调解，恢复了农村正常秩序，开了我国村民自治之先河。所以，在一定意义上，农民创立村民委员会不仅体现了其民主的需求，也是农村社会稳定的需要。不仅如此，农村自治选择在村一级实行，国家行政权力上收至乡一级，而没有一下子完全放开自治，意在保持农村政治的可控性。

第二，国家通过提高农民政治认同水平保障农村政治稳定。没有公民的政治认可，就没有公共权力的合法性；没有公共权力的合法性，就没有公共权力的权威性，也就没有国家的政治稳定。中国是一个正处于社会转型时期的农业大国，农民的政治认同对社会的政治稳定起着关键作用，是党执政合法性的重要基础。然而，在某些乡村干部中存在着贪污腐化、官僚主义现象，有的干部甚至和宗族势力、黑恶势力相勾结，横行乡里，无恶不作。一些农民被迫以个人和小规模的团体力量进行抗争，农村群体性事件由此频发。农村基层组织是乡村的权力中心，担负着社会主义新农村建设的各项任务，代表着党和国家在农民心目中的形象，这些现象损害了党和国家的政治形象。为此，党和国家下决心推动农村基层民主化进程，给予农民真正的民主自治权利，削减乡村干部的权力，监督乡村干部的所作所为，提高农民对党和国家的信任度。

第三，国家选择农村作为民主政治建设的生长点蕴含着对农村政治稳定目标的关照。相对城市而言，农村利益关系比较简单，利益的重新调整和分配容易控制；农村地广人稀，农村组织性较差，不易于形成强大的集体力量；农村政治参与的动机基本上是维护眼前的利益，非常容易满足，不容易发生政治参与危机。实践证明，党的十一届三中全会以后，农村民主化不仅没有引发农村不稳定，而且为维护农村良性的动态稳定奠定了坚实的基础。把社会主义民主的试验田放在农村，可以降低推行民主的风险和成本，避免非常态的政治行为。

第四，农村政治制度设计充分考虑了农村政治稳定因素。在我国，无论是乡镇人民代表大会制度，还是村民自治制度，都把党的领导放在第一位，这充分反映了民主与稳定的辩证关系。任何民主、自治都需要稳定的政治环境，而农村基层党组织是维护农村政治稳定的基石。一方面，中国共产党是人民根本利益的代表者，是按照民主集中制组织起来的具有高度组织纪律性的政治集团。党的性质和组织原则决定了党在农村的基层组织不但可以超越农村血缘性和地缘性社会群体，而且可以有效遏制农村宗族、宗教和黑恶势力的负面影响；另一方面，农村人口庞大，农民受传统观念影响较深、民主法治意识不强，农村民主化建设必须在党的领导下进行；否则，容易被少数人利用，从而引发不稳定局面。

四、农民政治平等

农民政治平等就是指农民之间和农民与市民之间作为公民在政治生活方面所享有的同等权利，其实质是平等的公民权。1954年，中华人民共和国颁布的第一部《宪法》明确规定，中华人民共和国公民在法律上一律平等。改革开放以来，阶级出身虽然已经成为历史，但农民身份制度依然存在。追求政治平等是农村政治发展的目标之一，改革开放以来，农民追求政治平等目标的脚步从未停止过。

第一，改革初期，通过给所谓的"阶级敌人"平反，农民内部身份获得了平等。农民之间身份的平等，带来了农村"政治人"政治权利和义务的平等，"公民"意义上的农村政治主体得以形成，村民自治为农民政治平等权利切实实现奠定了基础。

第二，家庭联产承包责任制的实行，使农民获得了人身自由和经营自主权。随着农村市场经济体制的建立，农村社会阶层分化加速，农民社会流动大量涌现，城乡二元体制经受着巨大的冲击。

第三，城乡统筹、融合思想为农民寻求政治平等铺平了道路。2008年8月，《中共中央关于完善社会主义市场经济体制若干问题的决定》提出，要按照统筹城乡发展、统筹区域发展、统筹经济社会发展、统筹人与自然和谐发展、统筹国内发展和对外开放的要求，更大限度地发挥市场在资源配置中的基础性作用，增强企业活力和竞争力，健全国家宏观调控，完善政府社会管理和公共服务职能，为全面建设小康社会提供强有力的体制保障。第一次正式提出了"统筹城乡发展"的思想，将统筹城乡发展放在"五个统筹"之首，农民获得与市民平等政治地位有了国家政策的强有力支持。2008年10月，党的十七届三中全会特别指出，要发展农村基层民主，加强基层政权建设，扩大村民自治范围，保障农民享有更多更切实的民主权利。逐步实行城乡按相同人口比例选举人大代表，增大农民在县乡人大代表中的比例，密切人大代表同农民的联系。2017年10月，党的十九大报告进一步提出，建立健全城乡融合发展体制机制和政策体系，加快推进农业农村现代化，为推进农业的发展，保证农村的发展，保证农民的政治地位提供坚实的制度保障。

农村基层民主、农村群众自治、农村政治稳定和农民政治平等是我国农村政治发展一以贯之的政治目标。农村政治发展各个目标之间有着密切关系，各个目标相互支撑、相互促进，构成一个有机整体。中国农村自治是群众性自治，农村基层民主是农村群众自治的内核，农村基层民主越发展，农村群众自治的水平就越高；群众自治每前进一步，也意味着农村民主水平的提升；农民政治平等是民主发展的前提，民主制度的进步取决于政治不平等状况的彻底改变；农村基层民主每前进一步，农民政治平等就会向前推进一步。

第四节 农村政治发展的问题与展望

20世纪以来，"三农"问题一直是困扰中国社会发展的基本问题，中国的事情能否办好，关键是看"三农"问题能否解决好。农村政治发展是解决"三农"问题的关键环节。从根本上讲，政治发展是寻求人的政治解放和政治自由。在我国，农村政治发展和政治进步具有城市政治发展无法替代的独特意义，没有农村的政治进步，就没有中国的政治进步。

一、中国农村政治发展的基本现状

（一）农村政治体制改革的基本背景

农村政治体制改革指针对县乡政权和村级建制的制度性调整，以改善国家对农村社会的治理，促进农业和农村的发展。农村政治体制改革展开的基本背景是农村经济和社会体制的变化。改革开放以来，这些变化概括起来主要有以下几个方面：

1. 农户家庭承包制的确立

农户成为农村经济中的主要经济主体，并以农户为基础成立了少量合作经济组织。一般农户主要从事农业兼带进城打工，农村中的非农产业则主要为大户、外来资本和村集体所经营。在"双层经营体制"下，由于集体经济、乡镇企业、农业社会化服务体系、合作经济薄弱，其中统一经营层次并没有得到很好的发展。多数农户是兼业小农，越来越多的农户成为专业生产农户，绝大多数农户的生产生活已和外部市场紧密联系。

2. 农村社会的公共服务由乡村社会承担

社会管理以村社为基本单位，即以自然村为内部单元的行政村是社会管理的基本组织，承担村内基本公共物品供给，如治安、道路、水利、扶贫济困等。村社组织管理村范围内的土地，对农户发包耕地，审批新建宅基地，使用荒地和村内建设用地。

3. 村民的大范围流动和区域间农村发展差距扩大

在城乡经济逐步融合的背景下，农民的生活不仅跨越了村庄，而且进入了城市，农村的青壮农民多数成为进城农民工，他们中的少数在城市定居，多数仍然在城乡之间做候鸟式流动。在全国，不同地区农村发展的差距已经越来越大，有了发达地区农村和欠发达地区农村的显著区别。

（二）农村政治体制改革的特点

经济基础决定上层建筑，农村经济社会体制的变化不但对在其中展开的农村政治体制改革带来了深刻影响，而且在某种程度上决定了农村政治体制改革的特点，因此，农村政治体制改革也是对农村基本经济制度建立和调整的制度性回应。

1. 整体性有限

农村政治体制改革被分为县、乡、村三级分别设计，分成三块分别推进。虽然三块客观上有着密切关系，但由于各自解决问题被人为分割，就遵循了相对不衔接的制度设计，在改革进程中的协调并不明显，或者说农村政治体制改革的整体性有限。

2. 主体参与不足

农民是农村政治改革的主体，但农村经济的分散经营、较低的组织化水平、流动性增加使农村政治体制改革缺乏来自农户的强有力支持，更多体现为中央政府的设计和推动，地方政府的执行和试验，农民自身对政治体制改革的参与度不足。

3. 区域差异性明显

改革开放以来，我国农村经济社会得到极大发展，区域性差别越来越大，治理内容的相异程度越来越高，因此，农村政治体制改革的地方性也就日趋明显。

4. 被动性突出

由于农村在城乡二元结构内谋求发展，农村政治体制改革的任务在很大程度上不是由农村社会内部提出，而是随国家和城市对整体改革和发展关注点的变化而变化。

（三）农村政治发展的基本现状

当前，在我国农村政治发展实践中，各种政治力量相互角逐，呈现出复杂的焦灼状态，农村政治发展难题需要进一步破解。

1. 农村政治发展成效与问题并存

在看到农村基层民主建设取得明显成效的同时，我们还必须面对一系列问题：农村正式民主制度短缺和被曲解的现象严重；农民的民主权利仍然受到乡镇行政权和农村基层党组织领导权的挤压，农民的一些合法权益得不到应有的保护，农民对党和国家的政治认同受到影响；农民的政治认知水平有待进一步提高，农民的政治责任感和政治功效感需要加强，农民的民主意识和权利意识依然薄弱。这一切都表明，农村基层民主建设任重道远。

2. 制度化参与和非制度化参与交织

伴随着农村基层民主的进步，农民制度化政治参与有了一些进展，但农民的非制度化政治参与也在不断增加。农村群体性事件逐年攀升，农民非制度化政治参与给农村政治稳定带来了前所未有的挑战；农民的政治参与渠道狭窄，法定政治参与渠道堵塞现象和形式化现象严重；农民缺乏支撑长期理性政治参与的动机，农村参与型政治文化的形成尚待时日。总之，农民的政治参与意识需要进一步引导。

3. 政治稳定呈现动态发展趋势

农村基层民主制度的建立和农民制度化政治参与的增加，为农村的政治稳定设立了减压器，农村社会总体上保持了政治稳定的局面。可是，农民非制度化政治参与、农村贫富差距、农村土地矛盾和农村干群关系紧张等现状仍然对农村的政治稳定构成威胁。

4. 农村政治文化建设滞后于经济建设

农民经济自主权的确立和村民自治制度的实行，为农村政治文化的进步奠定了基础。从总体上看，农村传统政治文化与现代政治文化混合在一起，农村政治文化落后于农村经济的发展，农村家族文化仍然发挥着一定作用，农村公民政治文化尚未形成。

5. 农民组织化程度亟待提升

改革开放以来,农民组织化程度有所提高,各种具有自治性农民组织的出现给农村公民社会的形成带来了希望。但是,总体而言,农民的组织化进程非常缓慢,农民组织无论数量还是质量都不尽如人意。农民的原始化状态使他们在与其他社会群体的博弈中始终处于弱势地位,农民不仅无法抵御市场经济的风险,而且无法保障自身的政治经济利益。

二、我国农村政治体制改革的经验及问题

(一)村民自治改革

村民自治制度走过了萌芽、创立和法制化规范三个历史阶段。村民自治制度在人民公社解体之后建立,其直接使命是解决人民公社制度解体后对家庭经营农户的重新组织问题。它有效利用了人民公社时代的由生产大队、生产队和土地集体所有制互相加强产生的村集体意识和村集体制度。1981年,党的十一届六中全会决议确定:"在基层政权和基层社会生活中逐步实现人民的直接民主。"1982年,宪法肯定了加强民主的原则精神,规定村民委员会是基层群众性自治组织。1987年,全国人大通过《中华人民共和国村民委员会组织法(试行)》,1998年《中华人民共和国村民委员会组织法》正式通过。村民自治制度具有以下制度特征:

(1)民主导向。村民自治的制度设计是"四个民主",即民主选举、民主决策、民主管理和民主监督。作为村民实现自治手段的民主被具体化为"四个民主",并逐步成为村民自治工作的代名词。

(2)程序至上。"四个民主"强调规范的选举程序,强调村民大会、村民代表会议、村民委员会的组织和议事、决策制度建设。

(3)民主选举是基础。注重选举的优先性和规范化,选举民主被作为四个民主的基础和整个村民自治工作的基础,选举程序日益严格。

村民自治制度的主要成就在于民主理念、民主规则和技术程序的推广,各种村民自治组织的建立和初步发挥作用,保证了农村社会稳定,并为村庄公益事业的发展提供了制度平台,但在实践中也面临着一系列亟待解决的问题。

第一,无村级财政支持,无法有效运作,而加强村内非正式资源动员的空间有限。要想通过村委会组织村庄公共物品供给,就必须使它有财力。

税费改革后,村庄无财政来源,在中西部地区,兼业小农的经济剩余本来就有限,村庄动员内在资源的潜力很小。

第二,"四个民主"中选举民主单方突进,后三个民主滞后。各级政府首选以选举为核心推动村民自治。选举单方突进一方面可以使选举民主获得重要进展,农民的民主权利观念获得提升,但是也凸显出决策、管理、监督上的制度供给滞后等现象,造成了特有的村庄选举和治理面貌:其一,选举成为村庄内已经分化了的政治社会力量的竞争的焦点,但候选人的选举动机则偏向个人和小集团获利,贿选和不正当竞争增加;其二,选举后治理成为"村委会少数人自治",村民没有更多有效途径来监督村干部。

第三,自治活动中缺乏自发自治精神的内在机制。村庄社会内在的老人道德和能力资源,家族和民间宗教资源,风俗和教化资源,经济上互助合作的各种组织,在越来越规范和一致化的村民自治架构中,没有发挥其作用的有效机制。村民自治还没有从根本上成为一种村庄的社会和生活安排,尤其是在欠缺财政和选举单方突进的推进思路中成为一个游离于村庄之外的制度安排,离农民自发创造出这一制度时的精神渐远。

(二)乡镇政权改革

随着农村家庭联产承包制的确立,"政社合一"的人民公社体制逐渐失去了效力。1982年12月,第五届全国人民代表大会第五次会议通过《中华人民共和国宪法》规定,"乡、民族乡、镇设立人民代表大会和人民政府""农村按居住地设立的村民委员会是基层群众性自治组织",确立了"乡政村治"的农村政治模式。1983年10月,中共中央、国务院发出《关于实行政社分开建立乡政府的通知》,至1985年,全国乡镇人民政府普遍建立。

乡镇政权从建立不久就开始改革,大约经历了以下三个阶段:

1. 简政放权阶段

从20世纪80年代中期到90年代初,乡镇改革的任务是"简政放权,健全和完善乡政府的职能"。国家试图在乡镇推进"党政分开"和"政企分开",但由于乡镇的上级政府并未真正推行"党政分开",乡镇党政关系照旧;"政企分开"也只在机构分设上完成,乡镇仍然直接举办乡镇企业和招商引资。

2. 转变职能阶段

20世纪80年代的乡镇扩权改革在条块分割体制下不可避免地导致乡镇机构膨胀、人员增加。但在90年代,国家仍一如既往地指望乡镇主要依靠自身财力解决农村公共服务乃至农业社会化服务问题,整个90年代的乡镇财政体制朝刺激乡镇自收自支方向发展,乡镇政府日益变成一个经营性政权,直接从事经济活动,为的是保证日益增加的人员工资和行政经费。这时,乡镇改革的主题就变成了精简机构、转变职能。但因政绩考核的"压力型体制"一直存在,90年代对乡镇精简机构的改革陷入"精简—膨胀—再精简—再膨胀"的怪圈。乡镇直接加重农民负担以确保收支平衡,导致乡镇债务增加,干群关系紧张,乡村治理出现危机。2000年开始的税费改革到了2006年演化为全面取消农业税,2003年开始连续五个"一号文件"全面规划城乡统筹发展,使乡镇政权的任务和宏观环境发生了巨大变化。乡镇财政开始转向以接受转移支付为主,乡镇改革才真正进入按照农村发展要求界定职能,根据农村经济内在要求履行职能的阶段。

3. 城乡统筹阶段

在统筹城乡战略之下,不同经济发展水平、城乡一体化程度的乡镇面临着不同的任务。这一轮乡镇改革在撤并乡镇、乡镇领导干部选拔制度、乡镇财政管理体制改革、农村义务教育改革方面都有重要举措。更为重要的是,县、乡改革之间的协同性被重视。其中,乡镇人大代表的直选、乡镇长的直选、乡镇党委和乡镇长的公推公选等试点引起广泛关注,并在一定范围内推广。

今后乡镇政权的改革要解决的核心问题仍然是怎样更好地提供农村公共服务和社会管理,因此,主要努力方向应该是建立农村公共财政制度、科学的官员选拔机制、政务公开和民主管理制度。在作为解决核心问题的手段——乡镇民主上,要破除对"选举民主"的迷信,探索多种制度设计,如加大乡镇人大对乡镇政府权力的监督、在乡镇长的选举上引入差额选举、加强乡镇重大事务的民主协商等。

农村政治体制改革仍需进一步深化。一方面,农村经济体制和社会体制改革仍在进行,政治体制改革必须与之配合;另一方面,目前对农村政治体制自身发展的规律性认识仍不甚清晰,而以往的改革在解决部分问题的同时也产生了新的问题。因此,为了更好地在城乡统筹发展和新农村建设框架下构建稳定有序的农村政治体制,支撑农村的发展和实现城乡一体化,需要联系我国政治体制进展全局和农村发展全局,进一步推进农村政治体制改革。

三、推进农村政治发展的展望

政治发展就是在社会经济现代化较为广泛的环境中已经和正在发生的一系列相互关联的政治体系、过程和政策的变化。纵观改革开放以来我国的农村政治发展实践,当前,我国的农村政治发展要重点破解农村基层民主、农民政治参与、农村政治稳定、农民政治素质和农民组织化程度方面出现的突出问题,采取有针对性的对策,逐步推动农村政治进步。

（一）农民民主权利的落实是发展农村基层民主的根本所在

如果采用概括性的话语，可以说，农村政治发展就是农村民主建设。从民主内容层面理解，发展农村基层民主意味着农村民主制度的完善、民主运行机制的顺畅和农民群众民主素质的提高；从民主形式层面理解，体现在完善农村基层政权民主、社会民主和党内民主三个方面，是直接民主与间接民主的统一。然而，从根本意义上讲，农民是否真正获得民主权利才是衡量农村基层民主程度的主要标准。没有农民民主权利的落实，一切民主制度和机制都会流于形式，成为摆设。

1997年9月，党的十五大报告提出，共产党执政就是领导和支持人民掌握管理国家的权力，实行民主选举、民主决策、民主管理和民主监督，保证人民依法享有广泛的权利和自由，尊重和保障人权。可见，党在农村领导的宗旨和目的就是保证农民行使民主权利，确保党的领导与实现农民民主权利的双赢。在"乡政村治"模式下，广大农民通过乡镇人大间接行使民主权利，通过村民自治组织直接和间接行使民主选举、民主决策、民主管理和民主监督权利。但是，由于一些农村基层党组织包揽一切，乡镇行政权力扩张，农村自治组织有形无实，既降低了广大农民对党组织的认可，又抑制了农村民主化进程。

近年来，一些农村基层党组织和基层政府已经认识到这些问题，并主动探索民主执政方式，各种各样的制度创新不断涌现：一是农村基层党组织成员的产生方式发生了重大变化，农民参与选举被引入，农村基层党组织成员通过民主途径获得权力；二是为了保证农村基层党组织权力的民意基础，使农民赋予的权力始终为农民服务，农民对农村基层党组织的监督不断加强，村民自治的民主监督机制引入农村基层党组织权力运行之中，如一些地方实行了党务公开；三是一些地方的农村基层党组织还采用了民主评价机制，农村基层党组织成员的工作业绩由农民评价；四是为了正确处理党组织与村民自治组织的关系，一些地方试行了"党政联席会"等制度形式，有效缓解了农村基层党组织和村民自治组织之间的紧张关系；五是一些乡镇政府部门实行政务公开，建立阳光下的政府成为时尚；六是乡镇长直选、"公推公选""两推一选"等新制度形式层出不穷，"民主恳谈会"式的民主治理形式受到广泛关注。

总之，与西方发达国家的政党不同，中国共产党直接行使公共权力，而不是通过民主方式竞取公共权力之后回到幕后，农村基层党组织的权力应该得到农民的同意，接受农民的监督；民主治理是农村政治发展的方向，农民应越来越广泛地参与到农村政治生活之中。各地要从实际出发，以落实农民民主权利为基点，大胆进行制度创新。

（二）扩大农民制度化政治参与，抑制农民非制度化政治参与

作为社会构成主体的农民的政治参与，是我国政治发展不可或缺的因素。农村政治参与分为农民制度化政治参与和非制度化政治参与。农民制度化政治参与是指农民合法、有序的政治参与；非制度化政治参与是非法、无序和失范的政治参与。政治参与和政治制度化相依相伴，没有制度化保障的政治参与，易引发政治不稳定，阻碍政治发展进程。

改革开放以来，广大农民通过制度化政治参与，行使法定民主权利，表达政治愿望，使农村基层民主和农村政治稳定目标很好地结合在一起。但是从总体上看，我国农村政治制度化程度还不高。政治制度化水平是由政治制度自身状况和人们对政治制度的认同两部分构成的。就农村政治制度建设而言，农村政治制度主要来自国家的强制性输入，农民在政治制度建设中的作用发挥不够；农村政治制度本身矛盾重重，对如何处理各种权力之间的关系无能为力；农村政治制度的执行效果很差，曲解政治制度的现象比较严重；农村政治制度缺乏合理的运行机制和运行程序，难以保证政治制度的效果。就农民自身而言，他们对农村政治制度认同程度还不高。影响农民对农村政治制度认同的因素是多方面的，如农村政治制度的民主性不强、农村政治信息传递机制不顺畅、农村政治制度形式主义严重等。政治制度化水平过低使农民为了利益不得不选择制度外的政治方式，并为此付出更多的政治、经济和精神代价。

为改变这一现状，国家必须加强农村政治制度建设，主动增加农村政治制度的供给，科学制定政治参与规则，使农村政治参与制度反映农村政治发展的规律，满足农村经济、文化和生活条件的要求；充分尊重农民在制度创新中所发挥的积极作用，将农民的制度创新及时制度化和规范化；国家还要为农民参与农村政治铺设道路，如完善乡镇人民代表大会制度、贯彻《中华人民共和国村民委员会组织法》、建立能够代表农民利益的组织、创新政府与农民的沟通形式等；国家应该坚决抑制各种非制度化政治参与行为，对非法政治参与现象依法给予制裁，不姑息、不放任；农民政治参与不仅是一个制度建设的过程，而且是参与型政治文化建设的过程，在政治参与制度化程度比较高的社会，政治参与的制度规范应当内化为农民的参与习惯。为此，国家要采取多种办法大力增强农民的法律意识和理性参与意识，让农民充分了解和熟练掌握各种政治参与途径，培养农民政治参与的责任感，增强农民的政治意识。

(三)尽量减少农村政治不稳定因素

从一些国家现代化的教训和我国的历史经验看,农村政治稳定问题非常重要,农村政治稳定与整个国家的稳定息息相关。我国在借鉴一些国家经验的基础上,从农村实际出发,不断探索维护农村政治稳定的制度和机制,农村局势基本稳定。但是,我国农村正处于从传统向现代社会的转型中,政治稳定问题非常复杂,农村政治稳定表现出明显的动态性,影响农村政治稳定的因素不断增多。

美国人类社会学家E.R.沃尔夫提出,农民心理的、经济的、社会的和政治的紧张关系有可能共同构成农村不稳定的基础,其中,农民利益受损和农民利益表达机制不健全是引起农村政治不稳定的两个主要方面。对此,国家不但要理性分析,努力减少农村政治不稳定因素,而且要高度重视农村社会的公平与正义,找寻农村社会各个社会阶层利益的平衡点和结合点,重建农村利益共同体,在强调农村经济发展效率的同时,加快构建农村社会保障体系。当前,农民土地问题已经成为影响农村政治稳定的头号因素,要进一步完善土地承包制度,拓展农民对土地的权利,坚决维护农民的土地权益。城乡差距是最大的不公平,农民与城里人应该享有相同的政治、经济和文化权利,增加农村投入,促进农民就业,提高农民收入水平。要疏通农民的政治参与渠道,增加农民利益表达的制度化途径,采取各种有效的工作方法预防非制度化政治参与,特别是要对已经发生的农民非制度化政治参与采取正确态度,如有些农民群体性事件是沟通机制不畅通或者国家权力越界行使造成的,对这些事件在依法处理的同时,要更多地倾听农民的要求,解决农民反映的问题,使农民与政府以一种有序、和平、制度化的方式进行交流。

(四)采取多种形式提升农民政治素质

农民政治素质是农民政治心理和政治意识的综合系统,包括农民政治认知、政治态度、政治情感等方面。农村社会的转型性质,使农民的政治素质呈现出明显的过渡性。提高农民政治素质,就是要让农民建立与农村现代制度相适应的政治文化体系。对一个政治系统而言,政治制度是它的硬件工程,而政治文化是它的软件工程,没有与政治制度相匹配的政治文化,任何政治制度都无法良性运转,政治系统就会瘫痪。

农村政治文化根植于农民的思想深处,农民政治素质的提高需要一个漫长的过程。其一,以农村政治制度变革提升农民的政治素质。政治文化与政治制度的塑造是相互的,政治文化是政治制度的内核,政治制度也同样对政治文化产生深远的影响。要通过完善村民自治制度和乡镇人民代表大会制度,落实农民的民主自治权利,培养农民的民主、自治观念,养成合作、宽容和妥协的精神气质;通过完善党在农村的领导制度，提高农民对农村基层党组织的权威认同，加深农民对农村基层党组织的感情。其二，以农村民主政治实践提升农民的政治素质。政治实践是人们在一定的政治思想指导下参与和改造现实政治生活的过程，是锻造政治文化的重要途径。面对一些人对村民自治能力的怀疑，彭真意味深长地指出："至于说到群众的议政能力，这也要通过实践来锻炼、提高嘛。"当前，要积极推进村民自治，使自治实践成为农民学习政治知识、提高政治才干的大课堂。其三，要通过富有成效、灵活多样的宣传、培训活动，帮助农民提高政治素养。

（五）维护农民组织的合法性、自主性、互助性，发挥政府引领和规范作用

加快农民组织化进程意味着农民自组织数量的增加和农民自组织合法性、自主性和互助性的加强。农村社会自主性的增加，有利于形成对农村政治权力的制衡态势，影响公共决策，使农村基层民主有效运作起来，改变分散化的农民面对政治权威的无力和无助状态。农民组织是农民学习政治文化知识的学校。通过农民组织，农民接受自治的训练，学会依法行使民主权利，培养宽容、妥协的合作意识。此外，农民组织的依法建立，可以拓展农民政治参与的制度化渠道，有利于农村政治稳定的维护。因此，要高度重视农民组织的培育和发展，注意维护农民组织的合法性、自主性和互助性。

合法性指农民组织应当依法成立、依法管理、依法运作。合法性是农民组织正常活动的前提。目前，很多农民组织没有获得相关部门的批准就开始活动，有的内部管理和活动不符合法律规范，如果这种情况持续下去，不仅有损法律的权威，而且容易使农民组织的发展走向歧路，甚至威胁社会稳定。为了解决这一问题，基层政府要下发法律文件，培训工作人员，逐步提高农民组织的合法性。

自主性也是非政府性，这是农民组织最重要的特性，失去这一特性，农民组织就变得毫无意义。要保持农民组织的自主性，就要坚持民有、民治、民享的原则。农民组织由农民建立，是农民自己的组织，为农民谋利益；其领导人由农民选举产生，农民组织由农民依法管理，其他任何人都不得干预其正常运行，农民组织成员依法监督其领导人；农民组织不以盈利为主要目的，最大目的是为农民服务。

互助性是农民组织获得农民支持、持续发展的重要条件。有的农民组织只为少数人的利益服务，大部分成员得不到应有的利益，农民组织缺乏凝聚力，发展受到阻碍。我们还要认识到，农民组织虽然不是什么新生事物，但对我国农民来说，建立农民自己的组织并发挥作用却是具有一定挑战性的课题。在农民组织发展过程中，政府要扮演非常重要的角色，政府可以通过制定法规、依法监管、提供支持、培训人员等措施，促进农民专业合作社的发展。

农村政治发展是一个系统工程，农村基层民主、农民政治参与、农村政治文化、农村政治稳定、农民组织化等要素之间相互衔接，相互促进。当前，农村政治发展困境是多种要素共同发挥作用的结果，农村政治发展不能单兵独进。与此同时，农村政治发展的各要素也不能齐头并进，要根据当地政治发展的现状，选择有针对性的对策。同时，农村政治发展不能放弃对政治价值的关怀，当农村政治发展处于困境时，更应关注民主、法治、公平等政治目标，不能就问题谈问题，以权宜之计解决政治困境，要以政治价值目标引领农村政治发展，使农村政治发展始终保持正确的方向。

第四章 面向新时代,促进农村文化健康持续发展

实施乡村振兴战略,要按照"产业兴旺、生态宜居、乡风文明、治理有效、生活富裕"的总要求,推进农业农村的现代化。其中强调"乡风文明",就是要促进农村文化教育、医疗卫生等事业发展,推动移风易俗、文明进步,弘扬农耕文明和优良传统,使农民综合素质进一步提升、农村文明程度进一步提高。农村文化是农村社会的有机组成部分,加强农村文化建设,是全面建设小康社会的内在要求。统筹推进公共文化服务均衡发展,促进城乡基本公共文化服务均等化,是满足广大农民群众多层次、多方面精神文化需求的有效途径,对于提高党的执政能力和巩固党的执政基础,促进农村经济发展和社会进步具有重大意义。

第一节 农村文化概述

一、农村文化的内涵

(一)农村文化

广义的文化是指各种器物、风俗、习惯、语言、宗教、政治、经济等的物质的和精神的综合体。狭义的文化是指建立在经济基础上的意识形态的总体,其所限定的范围就是精神文明。农村文化是指在特定的农村社会生产方式基础之上,以农民为主体,建立在农村社区的文化,它是农民文化素质、价值观、交往方式、生活方式等深层心理结构的反映。

农村文化同一般意义上的文化一样,是一种不断变化的文化,文化变迁是农村文化的一个属性。这就意味着农村文化可以在新的情况下加以诠释,进行重新构筑,赋予其新的内涵。农村文化包括农村礼仪文化、道德文化、祭祖文化、庆典文化、经典文化、教育文化、语言符号文化、娱乐文化、体育文化和民间文学艺术等多种形式。农村文化的主要活动场所包括农村文化馆、博物馆、电影院、歌舞厅、祠堂、

寺庙、娱乐广场、体育场、社区信息中心以及电视、广播、互联网等现代信息传播网络。

农村社会与城市社会之间既有共性又有区别，其文化形式也有共性和区别。农村文化主要具有以下特征：

（1）农民是农村文化的主体。农村文化是以农民为主体的文化，是农民在长期生产和生活中创造出来的文化。

（2）农村社区是农村文化载体。顾名思义，农村文化是农村的文化，是以农村社区为载体的文化。

（3）农村社会生产方式是农村文化的底色。农村文化是由农村生产力水平和生产关系类型决定的，社会生产方式的不同不但是决定农村文化与城市文化差异的主要原因，而且也是决定农村文化变迁的决定性因素。

（二）农村民间文化

农村文化的一个主要组成部分是民间文化。民间文化是指人民群众中广为流传的，具有民族风格和地方色彩的物质的或精神的文化。农村文化的内容广泛，包括传说、神话、故事、说唱、文学、舞蹈、音乐、绘画、工艺、器物和建筑等。

按照美国社会学家雷德菲尔德提出的社会精英建构的观念体系如科学、哲学、伦理学、艺术等属于大传统，而平民大众流行的道德、传说、民间艺术等属于小传统的"大小传统"概念区分，民间文化属于"小传统"。但是大小传统也不是截然分开的，而是相互影响的。特别是在我国古代社会，士绅阶层往往乐意居住在乡村，使大传统与小传统、精英文化与民间文化之间存在许多互动和交流，对形成中国社会的农村文化影响很大。

（三）农村民俗

民俗是指民间或在人群中不以文字为媒介、口头传承下来的或未加深思被保留下来的生活各个方面的知识或民间传承资料，包括传统风俗、习惯、舞蹈、歌曲、故事和谚语等。

1. 民俗的内容

民俗主要包括文化层面和生活层面。民俗多以非文字的形式流传，靠很少记载下来的习惯性生活方式、技术、身体姿势及其思考方式获得历史性继承。但是，近代以后，随着农民识字率的提高，农村文盲的扫除，民俗借助文字的民间传承在不断增加。

2. 民俗的特征

民俗的特征分为内部特征和外在特征。民俗的内部特征反映为民族的区别、阶级的差异和全人类的共同性;民俗的外部特征表现为历史性、地方性、传承性和变异性。

3.民俗的类型

民俗可分为四类:①经济民俗,以民间传统的经济生产习俗、交易习惯及消费生活习俗为主要内容;②社会民俗,以家族、亲族、乡里村镇的传承关系、习俗惯制为主要内容;③信仰民俗,以传统的迷信与民俗为主要内容;④游艺民俗,以民间传统文化娱乐活动(其中包括文艺活动)的习俗为主要内容,也包括竞技等事项。

(四)民间信仰

民间信仰是形成于地方共同体的一般民众中逐渐培养起来的、代代相传的、日常性的老百姓信仰或民族固有的信仰。这种传统性民俗信仰往往是规定一个共同体的态度、判断及思维方式的基础,对人们的行为方式具有十分重要的影响,是历史和文化决定的民族特征的重要文化因素。民间信仰包括对同族神、地源神的祭祀、出生—成年—婚姻—丧葬的通过仪式、例行节日活动、各种各样的参拜会、自然崇拜及其相关的禁忌、占卜、咒符等内容。这些民间信仰活动往往构成了一个地区的习俗,而一个地区的习俗也往往伴随着民间信仰的色彩。

1.主要特征

(1)功利性和世俗性。我国民间信仰的一个突出特点是非常注重现世的幸福。普通民众对复杂深奥的宗教思想往往缺乏探究的动力,他们更关心的是各种神明对其现实生活的福祉有什么作用。因此,在民间信仰中,那些有专门功用、会降灾赐福且"有求必应"的神明,最容易受到民众的欢迎和膜拜。另外,人们往往不去考虑这些神明是否属于同一种信仰体系,只要有用,其就都会同时成为崇拜和祈求的对象。如人们为了发财、求子、去病、避祸、丰收等,对财神、灶王爷、关公、观音菩萨等普遍供奉。

(2)多样性和包容性。我国民间信仰是一种多神信仰,不同的行业各有自己所供奉的祖师爷或保护神,有的行业还供奉多个神灵,同一个神灵也会被不同的行业同时供奉。

(3)蒙昧性和神秘性。在科学发展不成熟的古代社会,人们对自然世界和社会世界中的许多变幻莫测的现象感到困惑和不解,不能给予理性的解释,因而常常采取神秘主义的态度来解释未知的自然力量和社会力量。将自然现象和社会现象产生的原因归于神秘的东西,从而希望通过神秘的力量如算命、占卜、跳神等来解决各种问题。

(4)地方性和统一性。由于我国幅员辽阔,人口众多,各自形成了十分鲜明的地方文化，决定了我国民间信仰也会具有地方性的特点。各地不但有自己地区的地方神，而且供奉仪式和活动也各不相同。但国内也有一些民众共同供奉的神明，如财神、关公等。

2. 主要内容

①祭祀——与祖先崇拜以及村落或城市形成有关的信仰活动；②出生—成年—婚姻—丧葬的通过仪式；③例行节日活动；④与农事以及商业活动有关的信仰，祈祷风调雨顺、财运亨通等；⑤与日常生活、居住等直接有关的信仰，如灶神、门神、寿星等；⑥自然崇拜——将自然物和自然力视为有生命、意志力和神力的对象加以崇拜；⑦禁忌——饮食、穿戴、行为等；⑧占卜和咒符；⑨信仰指向场所——蓬莱、昆仑、九天等。

3. 农村民间信仰的变迁

随着经济社会的发展，国家意识形态的强化，原有的民间信仰对农民的社会生活影响力降低，农村与民间信仰有关的各种组织和活动大大减少。但在我国，民间信仰的兴衰与国家政治有密切关系，当国家政治力量强大时，民间信仰会陷入低谷，但并不意味着民间信仰的绝迹。事实上，作为一种根深蒂固的传统文化，一旦得到适当的社会环境滋养，民间信仰就会重新出现，并对社会政治、文化、生活产生影响。

二、农村文化的特点

（一）乡土性

传统农村是以农业为主的自给自足的自然经济生产方式，乡土性是农村文化的底色。农村文化习俗的形成、农村节日的设定、传统农民的图腾崇拜等大多与农业生产、农村环境保护相关，许多农民居所的建设、丧葬仪式常常有"阴阳师"介入。

（二）民间性

农村文化活动往往是一个综合体，其组织者大多是民间人士，以自愿的方式，依靠自己的威望来组织文化活动。许多文化活动是人们的习俗，并通过农村社会精英的示范作用世代传承。特别是道德文化、礼仪文化、庆典文化、祭奠文化和宗教文化等，通常没有文本规范，要依靠农村社会的领头人来把握、示范、传承和发展。

（三）封闭性

传统农村社会，人们日出而作、日落而息，过着自给自足的生活，农民一般不与外界交往。在封闭的社会环境中成长起来的农村文化，不可避免地具有封闭性。

近年来，随着经济社会的发展，农民的社会流动性和对外交往联系增加，农村文化封闭性的特点也逐渐减弱。

（四）相对静态性

社会生产力与社会生产关系的矛盾是文化变迁的根本动力。在传统农村社会，生产力与生产关系没有本质性的对抗关系，生产力没有根本改变生产关系的要求，农村社会基本处于静止状态。从文化变迁的角度来看，传统农村文化基本上可以说是相对静态的；从本质上来说，没有发生本质性的变化；从文化交流的角度来说，由于农村文化一般很少与外界文化交流，农民的思想观念、社会心理、生活方式等都具有明显的传统性。

（五）多样性

由于农业生产具有很强的地域性，特别是在农业生产落后的条件下，农民之间的交流受到限制，农村的文化活动也表现出很强的地域性，不同地区的农村文化在表现形式上具有较大的差异，呈现出多样性的特点。俗话说"十里不同风，百里不同俗"，我国地域广阔，各地农民在生活中创造了丰富多彩的农村文化。如在饮食、服饰等方面由于各民族居住的环境，特别是气候条件、生产方式和生活方式的不同而存在较大差异。文化多样性还表现在音乐、舞蹈、戏曲、曲艺、文学、诗歌、传说、信仰等各个方面。

三、农村文化与农村社会稳定

文化作为一种行为规则系统，主要功能在于建立一种稳定的秩序，降低人们进行社会活动的风险，促进社会生活的和谐发展。目前，从促进社会稳定的视角来看，在农村文化中发挥作用较大的主要有礼仪、宗法、道德等文化。

（一）农村宗教文化

宗教产生的根源是人们对未来的不确定性。德国著名哲学家费尔巴哈曾指出："宗教的整个本质表现并集中在献祭之中。献祭的根源便是依赖感——恐惧、怀疑、对后果的无把握、未来的不可知……而献祭的结果、目的则是自我感——自信、满意、对后果的有把握、自由和幸福。去献祭时，是自然的奴仆，但是献祭归来时，是自然的主人。"宗教具有加强人们之间相互认知的作用，共同的崇拜对象和普遍接受的教义规则可以成为人们之间相互认知的符号，强烈的宗教感情对同一宗教共同体能起到稳定内部关系的作用。

农村社会调研表明，宗教文化在农村社会稳定中起着一定的作用。无论是先富裕起来的农民，还是尚未脱贫的农民，都不同程度地存在各种宗教信仰和参加各种宗教活动，无论在落后社会，还是在现代工业社会，宗教对人们的行为都有一定影响。

（二）农村礼仪文化

礼仪是人们通过程式化言行交流某种信息，以求得生存环境的秩序化和消除对环境的陌生感。礼仪还可以看作社会交易中实施基本行为规则的技术性模式，看作行为文化必要的外包装。所谓"仁义道德，非礼不成；教训正俗，非礼不备；纷争辩讼，非礼不决"等，也说明了礼仪的这种功能。

功能良好的礼仪能够传达善意，提高社会交往效率，有助于社会的稳定。另外礼仪在历史上还有固化等级关系与宗法关系的作用，随着社会的进步，这种作用会逐渐消弭。目前，我国农村社会正处于向现代社会迅速转型的历史时期，一些好的传统礼仪规则不断受到破坏，而一些不适应时代进步的礼仪规则却有所兴起。如一些权钱交易借助"送礼"得以实现，一些礼仪活动的敛财性质明显，使社会交往的成本增加、品质恶化，从而阻碍了社会进步。

（三）农村宗法文化

宗族是由同一祖先繁衍下来的人群，宗法关系便是基于宗族血统而产生的地域性极强的社会关系。在封闭程度很高的情况下，宗族关系不但会成为农村社会最重要的关系，而且会成为支撑乡村伦理道德的基础社会结构。另外，宗族关系还能为农民的经济活动提供一个稳定机制。家族成员在生活告急时，往往求助于同族成员；在承租土地及钱财借贷中，往往是同族成员充当中间人；一无所有的同族成员也可以从宗族中获得帮助以求生存。如果没有外界因素的干扰，宗族之间的冲突通常也可以通过家族领袖之间的谈判来确定妥协的条件。

（四）农村道德文化

一般来说，道德是依靠羞耻感来维持的人们自律性行为规则。传统农村社会通常是由许多血亲共同体构成的，在血亲共同体内部，个人实施机会主义的风险收益较小，具有流氓性格的人的机会主义行为与共同体的传统道德规则反差较大，也容易识别；违规行为会使当事人名誉扫地，承受羞愧的惩罚。羞愧惩罚要仰赖熟人社会才能起作用，熟人社会的性质决定了道德类型，因此，道德在传统农村社会能够较好地发挥稳定作用。在社会高度分工基础上的居民点所形成的现代农村社区，由于人们的非经济往来不会约束其基本自由，社会信任的基础已经由道德向契约转变，由自律向他律转变。

四、农村文化建设与农村经济发展

国际学术界和经济发展理论已经达成共识,经济发展概念不仅包括经济本身的增长,还包括政治发展、结构调整和文化进步。从本质上说,农村文化建设本身是农村经济发展的一部分。这是因为,一方面,农村文化的发展与变革会对农村经济发展产生重要影响;另一方面,农村经济发展也会对农村文化发展与进步产生积极的作用。

(一)农村文化发展为农村经济发展提供社会资本

"社会资本"是近年来在国内外学术界日益被广泛接受的概念,是指建立在人们相互信任、充满合作精神基础上的对社会上层结构的支持网络。美国哈佛大学教授罗伯特·帕特南在布迪厄和科尔曼研究的基础上,将社会资本从个人层面上升到更具公共物品属性的社会层面,将社会资本等同于不同共同体中的"公民精神"。帕特南提出:"社会资本是指社会组织的特征,如网络、信任以及规范,它们有利于互利的行动与合作。"因此,社会资本也可以理解为一个社会的文化基础。从这个意义上说,加强农村文化建设就等同于提高农村社会成员的社会资本,降低农村社会成员进行社会交往和社会活动的成本,为提高农民的经济活动效率,促进农村经济发展奠定了坚实的社会基础。

(二)农村文化建设为农村全面深化改革扫除障碍

农村全面深化改革的使命,就是通过新的制度安排降低公共事务的协商成本。如村民自治体设置下沉到熟人社区后,涉及生产关系的土地调整变得更为容易,对促进农业规模经营发挥着积极的作用。这是因为在传统农村社会,道德压力成为约束农户的实际力量,公共品"搭便车"消费有道德压力以外的低成本制约力量,熟人社会单元宗法关系压力会迫使居民遵守某些既定规则。农村社会调研表明,在一年一度的宗亲祭拜活动中以及平素婚丧嫁娶时的礼仪活动中,村民对某人的人缘评价会在"礼遇"当中得到表达,这种压力远高于一个社区之外的乡村干部对某一个人所能施加的压力。

(三)农村经济发展给农村文化进步提供物质基础

经济发展所产生的物质基础的水平,既决定着文化活动扩张的边界,也决定着文化活动的形式。农村经济发展水平的提高给农民带来收入增长以后,农民行为发生诸多积极变化。一是农民合作意愿增强，农村公共事业更易健康发展。经济发达地区的农民专业合作社不但容易获得发展，而且合作社章程容易得到遵守，农民更守信用，合作组织也愿意在农村公共领域提供更多无偿服务。二是农村扶危济困事业有了物质基础，农村更热心慈善活动。三是农民有了发展民主政治的现实需求，村民自治工作有了现实基础。农民经济越发达、农村市场化程度越高，农民就会越显示出对村民自治选举的热情。在经济发达的村庄，农民在选举中的投票意愿不易受到宗法因素的干扰，投票的独立性更强。村民自治工作的改善加强了农民在公共领域的互信关系，有助于形成更为健康的社区文化氛围。

（四）农村经济发展影响各种农村文化类型的社会功能

经济发展给社会活动开辟了空间，经济越发达，人们的交往半径越大，交往的性质就越容易发生改变，各种文化类型的社会作用也越容易发生变化。一般来说，农村道德文化、典籍文化和符号文化及其艺术形式不论在什么经济发展水平上都会对农村社会产生影响，只是影响的形式有所差别。经济发展虽然造成了巨大的陌生人之间的交易网络，凸显了法律对调节人们行为的作用，但经济发展既不会消除熟人关系的网络，也不会消除道德在调节人们行为中的作用。经济高度发展以后，教育虽然越来越社会化，但传统的典籍文化仍然要发挥补充性的社会价值。事实上，经济越发达，人们越可能重视历史文化典籍，典籍文化就越有发扬光大的可能。

第二节　农村文化发展与变迁

一、20世纪以来我国农村文化的发展

20世纪以来，我国乡村社会经历了激烈而丰富的变革过程，表现在文化领域，乡村社会历经了文化冲突、文化改造、文化整合等过程。从"国家—社会"关系纵向演变的视角来看，20世纪以来，我国农村文化发展划分为三个时期，即传统国家—社会关系转型时期、国家对农村社会高度整合时期和国家体制性权力退出后的"乡政村治"时期。

（一）传统国家—社会关系转型中的农村文化

我国传统乡土社会的秩序靠"礼治"来维持，是"无讼"社会，乡村社会游离于国家政权边缘。在固化的乡村社会伦理秩序格局中，乡绅这一阶层的存在较好地承接了国家主文化向乡村家户的延展。20世纪初，战乱破坏了农村社会地方性文化网络，

国家与乡村社会的相互游离关系被打破，国家与农村社会间一以贯之的主文化出现断裂，农村日益走向失序与衰败。随着国家强化自身权力向基层吸取资源过程的推进，基层秩序发生了前所未有的变化，农村传统的文化格局、文化权力与国家政权之间的张力、冲突逐渐显现。尤其是清末新政废科举兴新学，剪断了乡村社会与国家相联结的政治文化机制，由此带来的直接影响是农村社会中"士"阶层的陨落。优秀人才从乡土社会流走，而留在乡村的精英呈现出劣化迹象。传统乡绅在乡村的地位衰落，加剧了农村传统文化秩序的瓦解。

对这种转型，农村传统文化秩序瓦解导致传统乡村社会变革产生新的文化需要，以梁漱溟为代表的乡村伦理派认为，"从来中国社会秩序所赖以维持者，不在武力统治而宁在教化；不在国家法律而宁在社会礼俗"，其期望通过重建乡村伦理文化来实现农村秩序的好转；以毛泽东为代表的革命派则认为，"四种权力——政权、族权、神权、夫权，代表全部封建宗法的思想和制度，是束缚中国人民特别是农民的四条极大绳索"，其力图通过革命来打破束缚农民的封建主义枷锁。在20世纪早期国家政权建设中，外加制度的话语霸权与乡民传统观念的辩护力一直处于互动之中，国家需要依赖具有凝聚力的农村社群以减缓国家与地方当权者的合法性危机，农村文化格局的架构中宗族家族观念、传统习惯与信仰、农村文化精英，以及以上要素所构织的农村社会文化网络的作用尤其重要。国家政权建设是否顺利、文化整合是否成功，这些因素都是不得不考虑的。

（二）国家对农村社会高度整合下的农村文化

中华人民共和国成立后，通过土地改革，国家政权组织不但第一次真正地下沉到乡村，而且摧毁了非正式权力网络的根基。农村集体化时期，土改和农业合作社运动涤荡了农村社群的权力结构、村社准则和群体观念，国家史无前例地渗透到农村的社会、经济和政治生活中，全方位地对农村进行整合。

随着社会主义国家日益以全能主义的姿态进入农村社会，农村"在场"的文化网络服务国家建设的功能性特征愈加突出，其"乡土性"的特征逐渐淡化。但这种国家层面的文化整合有一个明显特征，即是文化整合与政治整合相辅相成、互为补充。因此，农村社会的本土性文化并没有被国家的新权力话语系统完全吞噬，两者之间的互动一直在此消彼长、相互交错中进行。

（三）国家体制性权力退出农村社会后的农村文化

家庭联产承包责任制实施后，农村经济秩序的变化引发乡村社会结构与社会互动网络的重建。改革开放后，农民的法制意识、市场观念、"义利并重"的价值观明显增强，科学、进步的生活方式为农民所接受。但农村文化的发展中也暴露出不少问题，面临社会转型期农村社会互助合作、集体主义精神弱化，同时伴随公共文化式微、公共文化生活衰落一系列问题。因此，国家必须在建设文明健康的农村公共文化中扮演好服务、引导、管理的角色，在农村公共文化设施建设、文化产品供给上增加对农村的支持，建立和健全一整套面向"三农"的新型社会服务体系。培育农村文化建设的内部承接主体，夯实农村文化建设的群众基础，使文化供给内容真正得到村庄的认同和接受。尊重乡土文化内生性、本土性特点，让农民担当起农村文化的创造者、演员和评价者，提供文化基础设施和培育民间文化，促进乡土文化自主发展。

二、改革开放以来农村文化的变迁

改革开放以来，伴随着我国社会经济的快速发展，我国农村面貌和农村社会结构导致了发生了巨大变化。那种相对静态稳定带有浓厚乡土气息的中国农村社会已悄然发生了变化，在社会关系、风俗习惯、价值观念等方面也发生了较大改变，因而导致了农村文化的变迁。农村文化变迁过程中带来了文化的多样性和多元化，体现了转型时期的开放性和包容性。

（一）农村文化处于过渡形态，造成公共文化供需困境

近年来，随着村民外出务工成为农村发展的主要形式，农民常年在外受到外面各种思想的影响，不断突破传统观念的束缚，逐步认同和接受城市的各种文化和生活观念，农村原有的文化生活方式被打破，农村文化生活方式进入一个"新旧并存"的过渡性时期，即传统文化与现代文化相混合的时期，传统的戏剧、踩高跷、划龙船、耍杂技等文化活动与现代的电影、电视和电脑网络等文化媒体共同存在于农村的文化生活之中。这种农村文化"新旧并存"的过渡形态给国家公共文化，带来了极大的"供给困境"：一方面，农村传统文化呈现出加速萎缩之势；另一方面，城市现代文化在农村缺乏扎根的土壤，两者都由于农村的"空心化"现象导致文化的内生力量不足。因此，国家在考虑公共文化供给需要的同时要考虑到不同代际的文化需求和偏好，提供差异化的公共文化产品与服务。

（二）农村社会结构分化，农村文化共同体特征弱化

我国传统的乡村是以血缘为纽带组织起来的社区，因为共同遵循着"乡约""村规""宗法/家法"，村民有着相同的文化认同感，农村社区成为一个文化共同体而

存在。然而，改革开放以来，农村社会的分化日益明显，主要表现为村庄、村民的分化。这种农村社会结构的分化弱化了农民对农村基层社区文化认同，"工业化和城市化打破了平静缓慢的乡村田园生活节奏，震撼和改变了整个社会结构""从以血缘、地缘、礼俗为底色的乡土社会，过渡到以市场、理性、法制为特征的现代社会"。现代化进程给传统农村社会结构和生活方式带来了颠覆性的变化，现代化和城市化所具有的经济理性和社会流动性作为一种强大力量冲击着传统农村社会共同体意识和文化模式，影响着村民的归属感和农村社会的整合度。

（三）农村文化主体丧失，导致传统文化再生虚化

在传统中国乡村社会，庙宇、祠堂乃至村头树下、水井旁、某户家门口，都是村民们感情、信息交流的地方。这种地缘式的情感不但是维系我国传统乡村社区的核心力量之一，而且由此培育出乡民对乡土的喜爱、依恋和依赖。随着乡村社会转型，特别是外出务工人员的增多，农民在城乡之间的"游离"状态，在客观上导致农村文化支柱力量的抽离，导致基层农村传统文化常态性组织与开展的缺失。人口的空心化使传统文化的继承与发展失去了基础和文化发展的主体。从目前来看，农民不仅远未重新找到传统的稳定，而且将经受技术革新和经济趋势带来的长期变动。农村居民已经习惯并依赖长期形成的政府公共文化供给，虽然国家自上而下的公共文化供给无法使其得到满足，但又无法形成自下而上的公共文化服务需求表达机制。

（四）价值取向失范，农村基础秩序崩解

价值取向既是折射社会变迁的重要窗口，也是社会合作、动员和管理的重要资源。村庄作为文化共同体象征着村民的"精神家园"，自然淳朴的文化品格奠定了我国传统农村共通的基础秩序："天人合一"的自然主义情结、"趋福避祸"的民间信仰、"乌鸦反哺，羔羊跪乳"的慈孝道德观、"出入相友，守望相助，疾病相扶"的良善交往原则、平和淡然的生活态度、充满希望的未来期冀。但近年来中国农村居民价值观念在经济社会的发展过程中发生了重大转变，传统规范与制约的失效与新的制度没能同步建立，导致一些人迷恋对物的占有、对金钱的崇拜，以致产生人格衰退、精神衰退、道德衰退现象。"过去20多年中，我们往往更加重视的是具体制度的变革，而对'基础秩序'的建设却很少给予关注，甚至有时秉持一种机会主义的态度，不惜用毁坏'基础秩序'的方式来获得暂时性的改革收益。其结果是，作为制度有效运作不可缺少的'基础秩序'的崩解"。传统社会赖以维持秩序的道德秩序、信用结构以及基础制度如果完全崩解，就会使整个社会的运行处于一种不稳定的情境中，

同时会消解制度整合与机制重建的力量，甚至会影响社会秩序的重建。

三、农村文化变迁过程中需要处理好的关系

社会变迁是社会系统结构和功能的更替过程。根据变迁的原因发生于社会系统内或是社会系统外，可以将社会变迁分为内发变迁和计划变迁。改革开放以来，我国农村社会的变迁主要是国家推动改革体制机制下进行的一种计划性变迁，这种变迁意在将中国农村社会由传统社会转向现代社会、由农业社会转向工业社会。因此，我国农村社会的变迁在很大程度上依赖国家力量的推动。同时，我国农村社会的内发变迁也在国家计划变迁的"诱导"下相对缓慢地进行。我国农村文化的变迁就是国家计划变迁和内在变迁同时双向变迁的结果，因此，我国农村文化变迁呈现出复杂性、多元性的特征。从时间进程来看，改革开放40多年的发展，特别是20世纪90年代市场经济发展的推动，我国农村文化变迁的速度是迅猛的，已经超出了农村社会系统的适应能力，处于一种不均衡的状态。在这种不均衡的快速的运行过程中，社会整体处于一种不稳定的状态，出现了不同程度的问题。要使社会系统本身所能承受并适应这种变迁，就必须处理好农村文化变迁的四组重要关系：传统与现代的关系、经济与文化的关系、城与乡的关系、国家—市场—民间社会组织三者之间的关系。

（一）传统与现代的关系

传统与现代的关系，从近代中国鸦片战争以来就成为中国的知识分子不断探索的主题。对大部分现代化论者来说，秉承"落后便要挨打"这种层面的思想，他们探索的重点也就落在"乡土"关联的两个方面，即开化乡村，改造中国。因此，中国农村传统文化一直被看作是"落后的"，要不断改造，推动现代文化发展，"传统文化"与"现代文化"被当作对立面来看待。在这种基本认识上，中国农村的传统文化不断地被消解，现已处于"濒临灭绝"的境地。实际上，"传统"与"现代"并不是二元对立的两面，传统文化能够为现代文化提供内容精神支持，现代文化能够丰富传统文化的形式，两者能够很好地兼容发展。中国文化的根在农村这块"乡土"上，广大农村沉淀、延续着中国的文化传统。中国传统文化的独特魅力和存在方式，表现在大量物质文明和非物质文化遗产方面，呈现在乡土生活中的民族传统习俗、仪式等方面。因此，在推动农村文化现代化的过程中，要保存和发展优秀的传统文化，对农村传统文化进行适应现代农村生活的创新和改编，使之重新焕发生命力和活力。

（二）经济与文化的关系

改革开放以后，"以经济建设为中心"成为推动中国社会现代化建设的主导思想。中国经济发展取得了举世瞩目的成就。在这一过程中，农村构成了中国现代化的"稳定器和蓄水池"。但同时，由于片面地追求经济效益，对农村建设，特别是农村的文化建设，一直是处于相对边缘化的境地。2000年后对"三农"问题的重视，也主要是关注农村的经济状况和发展。新农村建设使农村发展虽取得了新面貌，但是改变了农村传统的组织形态，在一定程度上还破坏了农村传统"文化生态"。因此，必须在两个层面处理好经济与文化的关系。首先，在国家层面，经济建设要与文化建设"并驾齐驱"，发挥两者的互动功能，特别是要重视文化的功能。其次，在基层层面，农村建设要有意识地保存和继承农村优秀的传统文化，基层单位要为农村文化建设创造条件，重视农村公共文化服务体系建设，培育民间文化组织，设立农村公共文化示范区，整合既有的各种文化资源，打造农村公共文化活动中心，让广大农民群众参与各种文化活动，享受文化发展成果。

（三）城与乡的关系

城乡关系既是现实问题也是历史现象，在经历了20世纪80年代的市场经济发展后，城乡差距越来越大，许多村庄甚至在城市化的浪潮中被吞噬或消失。据统计，"十年间，中国自然村由363万个锐减至271万个，平均每天消失80个到100个，其中包含大量传统村落"。1978—2012年，城镇化率从17.92%提高到52.6%，年均增速为1.02%。2000—2006年，年均增速为1.05%。2007—2012年，年均增速为1.45%。随着城镇化进程的进一步提速，"乡村的终结"将成为我国不得不关注和认真审视的现象。城镇化的发展，绝不意味着乡村的衰落或消失。2013年12月，习近平同志在中央城镇化工作会议上提出，要"推进以人为核心的新型城镇化，要推进农业转移人口市民化，促进有能力在城镇稳定就业和生活的农业转移人口举家进城落户，与城镇居民有同等权利和义务""提高城镇建设水平，体现'尊重自然、顺应自然、天人合一'的理念，让城市融入大自然，让居民望得见山、看得见水、记得住乡愁；保护和弘扬传统优秀文化，延续城市历史文脉，努力把城市建设成为人与人、人与自然和谐共处的美丽家园"。因此，新型城镇化就是要以人为本，增加人文关怀，统筹城乡协同发展、公平发展、和谐发展。

（四）政府—市场—民间社会组织三者之间的关系

政府、市场、民间社会是建设农村文化的多元主体，发挥政府、市场、民间社会组织建设农村文化的积极性和创造性,处理好三者之间的关系显得尤为重要。

(1)政府主导作用。政府要调节各方的利益平衡点,促进共同均衡发展。在一定时期内,市场机制的作用将使发达地区与发展中地区在经济增长和文化建设上出现日益明显的"马太效应",东中西部的区域差距将呈现出不断扩大的态势。因此,政府在中间要起到调控作用,积极发挥政府的设计功能、规范功能、刺激功能和干预功能。

(2)市场整合作用。市场日益成为农村文化建设的重要因素,农村文化建设实际上是各种资源和生产要素在市场机制和政府行为的共同作用下的流动和整合过程。所以,市场要发挥配置资源的优势,促进城乡之间文化资源和要素的流动,生产符合农民群众的大众文化产品,培育和壮大农村文化市场。

(3)民间社会组织的参与和推动作用。在我国传统文化中,民间社会组织发挥着关键作用。近几年来,由于农村文化习俗的"惯性"和市场经济的发展,民间社会组织团体开始复苏,在一些地方,文化中心户、文化演艺队在农村进行各种演艺活动并承办"红白喜事"。民间社会组织的这些活动不但符合村民的文化需要和口味,而且贴近百姓的日常生活。因此,政府可以引导民间社会组织的发展,对民间艺人进行培训,通过成立协会的形式加强交流和合作。总之,在这三者中,政府要起主导作用,积极培育农村文化市场的形成,引导民间文化团体的成长壮大,使三者成为一股合力,共同推动农村文化繁荣发展。

第三节　城乡一体化进程中的农村文化发展

承载着我国传统文明的乡村文化不仅是乡村社会共同体的精神家园,而且已成为我国社会有机体的重要组成部分。近年来,快速发展的现代化进程,的确使农村社会呈现出强劲的经济态势和发展活力,但与此同时,农村文化也在不断遭到冲击和消解。加强农村文化建设,关键在于如何赋予农村文化新的精神内涵,重构农村文化的新价值,建立与农村社会发展相契合的文化秩序,壮大农村文化的发展力量,增强其影响力和凝聚力。

一、城乡一体化进程中发展农村文化的重要意义

(一)应对城市化冲击,推动城乡一体化健康发展的必然要求

长期以来,我国的城乡一体化发展是建立在城乡二元经济制度基础之上的,似

乎让人们有了这样的共识："中国的现代化运动必然是城市建设与发展的过程，是城市的标准逐步覆盖农村，即农村逐步变为城市或城乡差别逐步消灭的过程。"这直接导致两方面的问题：一方面，城市文化与农村文化的不对等地位，对农村文化的现代化改造似乎是对城市文化的简单"移植"与"复制"。城市文化通过现代化传媒手段不断地向农村社会灌输自己的文化理念与精神，改变着农村文化的价值理念与存在状况。另一方面，在城市文化的强势冲击之下，农村传统文化持续式微，本土气息正在一点点流失，逐渐失去自身文化的个性与魅力而日益被边缘化。

城乡一体化的健康发展是社会现代化拓展和深化的表现，不仅表现在经济领域城乡协调发展，而且深层次表现为文化转型。在人类历史发展过程中，历次社会转型虽然最早在经济领域体现，但最终都是以文化形态的成功转型为胜利标志。因此，加强农村文化建设，将不仅有助于把传统农村文化的阻滞力转化为推动农村现代化的推动力，而且有助于消弭城市社会和农村社会的"文化鸿沟"。事实上，改变城乡二元文化结构，完全可以推动城乡二元经济结构的调整，进而真正实现城乡经济文化的一体化。

（二）增强农村文化认同，稳定农村社会秩序的重要保障

文化认同是人类对于文化的倾向性共识与认可，目的是在文化上取得归属感。在城市文化强大的吸引力之下，农村居民也在用新奇的心态热捧着城市文化和城市中的新生事物，农村原有的生活方式、思维方式、人际关系、价值观念都在潜移默化中得以改变，农民已经无法在农村社会找到家园感和归属感。尤其是新生代农民，"离土又离乡"的社会流动，"使得他们从未真正从事农业生产，城市和非农业生产的生活已经抽空了他们对农村和农业文明的文化认同，家乡逐渐成为一个越来越陌生的文化存在，一个标示着让人看不起的农民身份的文化符号，一个血缘和宗族文化秩序迅速溃败的沦陷之地"。

在强势文化面前，农村文化的确由于自身的缺陷和不足表现出明显的无奈与自卑，农村社会不但逐渐丧失了文化培育的独立性和自主性，而且丧失自己的话语表达和文化自信，从而失去了文化认同的基础。千百年来，农村文化就是基于普遍认同的力量维护着农村社会的稳定和秩序，一旦失去文化认同的基础，农村生活就失去了独特的文化精神内涵，更难以体现人的生存价值。因此，加强农村文化建设，重塑农村生活的意义，成为解决农村问题、稳定农村秩序的关键。要加强农村文化建设，就必须以先进文化为取向，只有注重运用农村传统文化的可继承部分，赋予农村文化新内涵，重构农村文化的新价值，培养农民的文化认同意识，恢复农村作

为社会文化有机体存在的基本尊严，铸造农村公共空间的凝聚力，才能更好地维护农村社会新秩序。

（三）重树民族文化自信，实现社会主义文化大发展大繁荣的有效途径

努力培养高度的文化自觉和文化自信，是推进社会主义文化大繁荣、大发展的迫切需要。一个民族的文化要实现自觉和自信，在很大程度上取决于对传统文化扬弃的客观与科学态度。中华文化是在古代农业文明的基础上发展起来的，中华民族传统文化的根深藏在乡土之中。传统农村文化在我国传统文化中起着主导作用，它蕴含着农村社会基本的价值理念，代表着民众的审美理想，以独特的文化韵味潜移默化地影响着人们的思想观念，并已经成为我国社会有机体的重要组成部分。轻率地否认传统农村文化，就意味着莽撞地割裂自身文化血脉，导致文化"无根"现象的产生，随之而来的必然是文化自信的不足、文化凝聚力的消解。因此，加强农村文化建设，重构农村文化并不是要抛弃传统，而是要遵循"取其精华、去其糟粕、古为今用、推陈出新"的原则，对传统文化进行科学梳理，精心萃取，把农村文化建设成为具有鲜明中国特色、气派与风格的文化，从而产生文化自觉和文化自信，推动社会主义文化建设的大发展和大繁荣。

二、农村公共文化建设的模式

2006年1月，《关于深化文化体制改革的若干意见》指出："各级党委和政府要把公共文化服务体系建设作为提高党的执政能力、建设服务型政府的重要任务，放在全局工作的突出位置，把握方向，制定政策，整合力量，营造环境，切实担负起领导责任。"在国家公共文化政策的驱动下，各地组织实施了多项文化建设工程及常设性的文化活动，扩大了公共文化服务的领域，丰富了基层公共文化的内涵，并在农村公共文化建设实践中创造出多种模式。目前，主要有政府主导、精英引导和市场驱动三种模式。

（一）政府主导模式

农村公共文化是一种社会公共产品，政府要发挥在新农村文化建设中的主导作用，充当起新农村文化建设领航者的角色。政府主导模式就是基于政府在公共文化建设中的目标地位和职能界定，在实践中形成的一种注重政府在资金、政策、管理等方面的主导作用的文化建设模式。这种模式具有以下基本特征：

第一，政府主导文化建设，以县、乡、村文化阵地建设为基础，构建公共文化服务的基础平台。按照"完善县一级、巩固乡一级、发展村一级、延伸社一级、辐射

户一级"的文化发展思路，积极进行政策规划，不断加大财政投入，加强县级文化馆、图书馆、博物馆"三馆"规范化建设，着力推进基层公共文化服务阵地建设。通过建乡镇综合文化站、农家书屋、文化信息资源共享工程村级服务点、村级文化体育健身广场等，形成农村公共文化服务体系。在基层公共文化建设中，乡镇综合文化站、村文化活动中心扮演着引导者、组织者的角色。

第二，文化活动形式以政府组织的"文化下乡"活动为主。政府组织既要把农村短缺的、农民群众喜爱的文化内容与文化服务送到农村，包括电影、戏剧、图书、影碟、文化科技、医疗卫生信息等，也包括为农民提供文化服务的设备，如流动舞台车、流动售书车、电影放映机等，以丰富农民群众的文化生活，提高农民群众多文化、科学、卫生、法律素质。

第三，社会参与以社区、村组、社团、自然人等为主体，形成一定的社会文化网络。由政府牵头主办文化活动、文化项目，社会各单位积极承办，集结各方面的力量和优势配合政府办好农村文化。对活力强、影响大的优秀社会文化组织和民间文艺团体，在文化项目开发和文艺精品生产等方面给予资助和奖励，充分调动社会办文化的积极性，使广大农民既成为文化的参与者，又成为最大的受益者，真正成为农村文化建设的主人。

（二）精英引导模式

社会学理论表明，任何社会中都存在着精英群体。在我国农村社会，乡村精英是一个客观存在的群体。乡村精英是那些在乡村政治、经济和文化生活等方面具有较高地位、有着一定的影响力和社会威望、能够对乡村的事务和发展有一定支配能力的人。就农村公共文化建设而言，散布于广大农村的"民间艺人"和"文化能人"生在农村、长在农村，在民间文化的传承和建设中起着骨干和桥梁作用。因此，所谓"精英引导"模式，就是以"民间艺人"和"文化能人"等乡村精英主导农村文化发展方向、社区整合民间资源为基础的农村文化发展模式。这种模式具有以下主要特征：

第一，乡村精英协同、主导农村文化的发展走向。乡村精英在文化发展方向的确定、文化重大决策的启动和文化活动的策划等方面发挥着规范、引导作用。在这一过程中，农村文化精英人物是农村文化的传播者和倡导者。

第二，文化建设突出民间文化的传承和乡土特色的发扬。文化建设主要表现为农民活动农民办，农民自发组织，挖掘民间文化，这些文化精英把已经失传和面临失传的民间表演艺术通过整理和恢复全部展现出来，以活跃当地群众的文化生活，保持文化建设的乡土特色，促进民间文化的多样性发展。

第三，政府适度引导和扶持发挥着重要作用。通过政策帮扶，加大对基层文艺组织的扶持力度，指导部分村庄成立民间组织，注重提高农村各类文艺骨干的业务素质和工作水平，鼓励农民以身边人、身边事为素材，创作演出形式多样的文艺节目，讴歌农村变化，以满足农村群众不同层次的精神文化需求。

（三）市场驱动模式

公共服务市场化的基本思路是在公共服务供给领域引入市场竞争机制，将原由政府承担的部分公共职能推向市场，通过充分发挥市场优化配置公共资源的作用，达到改善和提升公共服务的目的。市场驱动模式具有以下主要特征：

第一，依托企业投资和集体投资，创新文化投入机制。一是依托当地大型企业和企业集群兴办农村文化。由于筹资渠道便利，此类文化设施和文化活动具有规模大、设施全、层次高等特点，多集中在城郊和开发区的周边。二是依靠集体力量投资农村文化建设，这一类型主要集中在集体经济比较发达的地方。

第二，尝试市场化运作，创新公益文化运营模式。目前，文化事业单位通过市场化运作和创新公益文化运营模式，已经将项目推介会发展成为文化发展过程中的生产主体、发展资金、消费受众等各种要素整合配置的基础平台。

第三，政府创造环境，为"民资文化"发展助力。政府出台相关政策，推动"民资文化"健康发展，支持文化活动场地、场所建设用地，扶持农村文化骨干人才和专门人才的培养。

农村公共文化的发展繁荣，需要遵循农村文化发展的基本规律，通过文化体制机制的改革创新，综合多种文化发展要素，吸纳各种发展模式优势，实现多元发展动力的有效组合和良性互动。为此，需要在借鉴吸纳各种实践模式优点的基础上，明确农村文化发展的基本宗旨，发挥好政府的主导作用，尊重农民在文化建设中的主体性，发挥市场的资源配置功能，探索一种更富活力、更高效率的文化发展模式。

三、新时期农村文化建设的主要内容

（一）正确认识新时期农村文化的内涵

1. 新农村文化是立足于传统基础上的现代文化

"传统是社会累积的经验，文化本来就是传统，不论哪一个社会，绝不会没有传统的"。新农村文化的建构就是一个传统与现代的融合、碰撞与创新的历程。在这个历程中，既不能无视文化的现代化趋势，固守传统，也不能不顾文化的继承性和连续性。具体而言，新农村文化建设必须立足农村文化传统，保留重礼仪、重道德、崇尚和谐、崇尚"温良恭俭让"等人文精神,秉承天下为公、自强不息、勤劳勇敢、修身为本等鲜明中国特色的民族性格,同时也要汲取现代化进程中科学、自由、平等、民主、法制等现代文化精神,这样才能更好地展现农村文化的独特魅力,增强农村文化的凝聚力。

2. 新农村文化是多元文化冲突发展下的和谐文化

随着文化全球化进程的加快、城乡一体化发展战略的启动以及农村社会交往规模的不断扩大,农村社会呈现出本土文化和外来文化、乡村文化和城市文化、主流文化和亚文化等多种文化冲突此起彼伏的复杂局面。但是,文化冲突的本身造就了文化发展的契机和条件。因此,新农村文化也正是在多元文化的矛盾运动中得以发展和创新,与外来文化、城市文化、主流文化经过交流、交锋、交融,扬弃自身封闭的、保守的、僵化的、固执的状态,吸收其他文化的精华部分,促使原有文化得以修正、丰富和完善,并逐渐走向和谐。

3. 新农村文化是为新农村建设服务的先进文化

"任何一项伟大事业的背后都存在着一种支撑这一事业成败与否的无形的精神文化气质"。建设社会主义新农村,中央提出了"生产发展、生活宽裕、乡风文明、村容整洁、管理民主"的建设目标与要求,其中包含文化建设的内涵要求。生产发展蕴含用文化建设来提高农民的文化素养和产品的文化含量,提升产业发展水平,全面促进农村生产力发展的内涵;生活宽裕不仅指物质生活条件的改善,还包括发展丰富健康的文化生活来满足人民的文化需求;乡风文明直接反映了农村精神文明建设、文化建设的目标要求;村容整洁主要弘扬生态文化,重视生态环境建设,传承人居文化;管理民主则重在培育农民民主意识,提倡民主文化和廉政文化。这就要求在新农村建设中,我们更加强调弘扬传统文化,发展社会主义先进文化,充分发挥文化建设的引领和支撑作用。因此,新农村文化建设必须适应新农村建设需要,提高农民的文化素质,满足广大农民日益增长的物质和文化需要,为新农村的经济发展、政治稳定、生态和谐创造有利条件。

(二)新时期农村文化建设应注意的问题

农村改革后,国家体制性权力退出农村社会,农村地方性文化网络大体呈现出两种发展方向:一种是向传统家族、宗族文化网络复归,另一种是市场社会化背景下农村文化网络涣散,农村文化发展状况不容乐观。为此,从国家—社会的视角来看,农村文化建设在发展方向、路线上应注意以下几点:

1. 加强国家对农村社会的文化领导力

共同的文化价值观念和共同的道德规范为社会秩序的完善提供了保证，既是社会整合的基础，也是文化整合的前提。当前，我国农村社会结构松散、阶层分化加速，农民社区认同感不高，公共文化呈现出疲软现象，急需加强国家对农村社会的文化领导力。因此，国家主流文化价值观在农村社会要有稳固的阵地，要通过多种渠道加大主流文化价值观在群众中的宣传和渗透力度，以促进农村社会整合，引导农村文化的发展方向。

2. 实现国家主流文化的"乡土社会化"

农村地方文化网络好比人体的神经，起着联系和传输的作用，它不但沟通了农民与外界的联系，还是国家政权深入农村社会的渠道。传统乡村社会，乡绅以及以乡绅为纽结的社群关系构成了乡村的地方性文化网络，承接着国家意识形态"乡土社会化"的功能性角色。我国的现代化进程开启后，乡绅阶层被排挤出局，国家主流文化由上到下一以贯之的"脐带"被剪断，乡村的地方性文化网络涣散、中断。为此，新农村文化建设应积极搭建农村地方性、内生型的文化网络，使国家主流文化、社会主义核心价值观"在乡""留乡"。

3. 尊重群众的现实文化需求

民众的自觉自愿认可和赞同是文化领导权确立和巩固的基础。新时期农村文化建设要尊重群众的现实文化需求，走外供与内生相统一的道路。一方面，国家要根据农民的现实文化需求提供帮助和引导，增强农村公共文化服务；另一方面，要以农民为主体，挖掘农村本土文化资源，活跃农村公共文化，重塑农村的社区认同感和集体主义精神。

4. 正确看待农村社会传统的、惯习性的文化形态

要重视农村社会传统的、惯习性的文化形态作为亚文化的整合与规范作用。如家户制是中国农村社会的基础性制度和本源型传统，与家户制相联系的家户主义是中国历史上长期延续的传统。土地革命和人民公社时期农村的家户传统虽然受到新的权力话语系统的排斥，但农民的生活方式并未改变，与家户传统相关的惯习性的价值观念仍然顽强地存在和延续着。所以说，家户传统既不是能够简单替代，也不是能够简单"消灭"的。在新农村文化建设中应正确看待农村社会传统的、惯习性的文化形态，如宗族意识、家族观念等。这些传统的文化形态作为农村的亚文化，在一定条件下尚能发挥伦理道德方面的整合和规范作用。

四、新时期加强农村文化建设的实现途径

农村文化建设作为社会主义新农村建设的重要内容,肩负着为社会主义新农村建设提供思想保证、精神动力和文化支撑的重要责任和使命。党中央、国务院高度重视农村文化建设,近年来先后下发了《关于进一步加强农村文化建设的意见》《关于加强公共文化服务体系建设的若干意见》《国家"十三五"时期文化发展改革规划纲要》等重要文件,对新形势下农村文化建设各项工作作出了部署。在党中央和政府的推动下,农村文化建设得到了较好发展,农村公共文化服务水平得到了进一步提高,为提升农民群众的思想道德和科学文化素质,促进农村经济发展和社会进步发挥了重要作用。但由于受内外环境和各种其他因素的影响,农村文化建设与农民的精神文化需求还不适应,面临着基础设施短缺滞后,公共文化服务体系不健全;文化活动贫乏单调,全民热爱文化、重视文化、群众参与文化活动的氛围不浓;落后的文化活动泛滥等现实困境,需要引起高度重视。农村文化建设具有全局性、综合性、艰巨性的特点,发展农村文化必须从发挥基层地方政府的主导作用、转变思想观念,夯实农村文化基础、培育农村文化建设主体和统筹城乡发展等方面入手,积极采取综合措施。

（一）切实转变思想观念,高度重视农村文化建设

认识是行动的先导。加强农村文化建设必须切实转变观念,走出认识上的误区,确立正确的文化发展观。一是走出"文化是抽象的观念形态"的误区,确立文化是推动社会进步的真正动力的观念,主动推进文化建设。二是走出"文化只有投入,没有产出"的误区,确立只有加强文化向整个经济社会的全面渗透,才能使经济获得持久发展动力的观念。经济与文化,本来不具有一方优于另一方的性质,同时也不存在为了追求一方就必须牺牲另一方的关系。经济与文化是互相渗透、相互促进的。在发展社会主义市场经济背景下,既不存在离开经济的纯粹文化,也不存在脱离文化的单纯的经济。新时期的文化建设,不能只停留在围绕经济建设中心的外围服务,而应成为经济社会发展的一个重要领域,并发挥其独特的功能。三是走出"文化是属于文化人"的误区,确立文化是人类社会进步的结晶,不仅为全体人民创造,而且为全体人民服务的观念。文化具有物质属性和精神属性相结合的特征,具有引导、激励、整合等不可取代的重要功能。

（二）挖掘经济增长点,夯实农村文化发展的基础

"政治、法律、哲学、宗教、文学、艺术等的发展是以经济发展为基础的。但是,

它们又都互相影响并对经济基础产生影响。并不是只有经济状况才是原因，才是积极的，而其余一切都不过是消极的结果。归根到底这是在不断为自己开辟道路的经济必然性的基础上的相互作用"。推动农业生产方式的转型和推进农村经济的发展是推进新农村文化建设的物质前提。近年来，国家对农村农业的投入逐年增加，这为发展农业生产、保障农民生活夯实了基础。所以，一方面，要紧紧抓住和利用这个机遇，促进农业发展方式转变，改变农业低效与弱质化面貌，提升农村产业化和现代化水平，增加农民收入，增强农村文化消费发展的内生力；另一方面，要把握国家大力推进文化建设的政策和机遇，把文化产业作为农村新的经济增长点。目前，我国农村文化产业仍处于初级发展阶段，与现代文化产业匹配的投资、经营、管理和创新的良性循环机制仍未形成，但农村蕴藏着丰富且极具地方特色的乡土文化资源，为发展农村文化产业提供了重要的资源优势。因此，发展农村文化产业，努力打造农村文化产品品牌，可以使农村的文化资源优势转化为经济优势。

（三）增强农民的文化自觉，突出农村文化建设的主体

文化的认同和发展，需要发挥文化创造者的主动性和创造性。农民既是农村文化的创造主体，也是参与主体和受惠主体，如果"忽略了新农民这个主体，即使再好的硬件条件，再美的优良环境，也会失去它们建设和存在的最终意义"。费孝通认为："生活在一定文化中的人对其文化有自知之明，明白它的来历、形成过程、具有的特色和它发展的趋向，不带任何文化回归的意思，不是要复旧，同时也不主张全盘西化或全盘他化。"因此，首先，要加强农民的文化自觉，增强他们对自身文化的认同感，促使他们探求建立新型的文化价值观，培育和创新农村文体。其次，要加强农村基础教育，通过加大对农民的社会教育和职业教育力度来提升农民的知识底蕴，不断促进农民现代性的成长，实现由外在的"文化要我"到内在的"我要文化"的自觉转变。最后，要壮大农村文化队伍。对农村文艺骨干和民间艺人，要多关心、多支持，帮助他们解决实际困难和问题。对文化价值较高的民间艺术传人，要采取录音、录像、留下实物资料等方式将其技艺保存下来，以培养继承人。

（四）加大资金投入力度，夯实农村文化基础

资金短缺是制约农村文化建设的瓶颈，公共文化设施、文化活动的开展，都需要经费的支撑。加强农村文化建设，必须多渠道地筹措资金。首先，要加大政府财政投入力度。政府是文化建设投入的主体，按照中央有关精神，县政府应设立文化事业专项资金，用于乡村文化建设，其资金数额应占财政收入的1%以上。县级

财政投入资金的增幅不能低于上年度地方财政收入的增幅。其次，要积极鼓励民间投资。乡村一级有种植大户，有外出务工人员创办的企业，有一批发家致富的农户，政府应积极主动地做好宣传工作，鼓励和引导他们投资乡村文化建设。最后，要鼓励农民自筹资金开展文化活动。一些富裕的乡村，农民在物质生活水平提高以后，对文化生活的需求日益迫切，他们自筹资金开展文化活动，政府应对此给予引导扶助，对做得好的给予奖励。

（五）统筹城乡发展，加速农村文化繁荣

加强农村文化建设，必须克服"重城轻乡"的观念，统筹规划，将农村文化建设作为县域文化建设的重要方面，从管理体制、经费投入、市场开拓、人才培养等方面促进城乡融合与交流，实现城乡文化一体化发展。

（1）推进城乡文化管理一体化。完善的组织管理机构是实现城乡文化一体化的首要条件，必须对城乡文化建设实行一体化的组织管理，建立协调统一、高效运转的县、乡、村三级文化机构，努力克服"政出多门，多头管理"等问题。

（2）推进城乡公共文化设施建设一体化。公用文化设施是群众开展文化活动的基础，要实现城乡文化一体化，就要统筹城乡的协调发展，加快乡镇和村的公共文化设施建设步伐。

（3）推进城乡公共文化服务一体化。一是积极组织感染力强的文化活动，如体育竞赛、文艺会演、文艺巡演、剧院展演、广场表演等；二是加快文化信息共享工程建设，特别是要加快推进农村广播电视"户户通"工程建设；三是坚持开展送戏下乡、送电影下乡、送书下乡等文化下乡活动；四是公共文化服务实行"群众消费，政府买单"的消费模式，政府在文化事业费中划出专项经费，用于向文艺团体和电影公司等文化经营单位购买公共文化服务项目，为农民提供文化消费。

（六）重视保护农村优秀传统文化，巩固农村文化发展的根基

在城市化、工业化、现代化进程中，我国传统的农村文化正面临凋敝和失落的危机，离开传统文化谈农村文化建设，无异于舍本逐末。加强农村文化建设，必须厘清农村本土文化的价值，以传统文化为本位，加强对优秀传统文化的挖掘和传承。文化保护并不意味着维持现状和止步不前，其最终目的是创新发展。所以，立足传统文化的挖掘和创新，要注意乡村文化和现代文明的结合，用现代文明改造传统文化之劣，用传统文化打牢现代文明之基，使现代性和传统性都能成为农村新文化的构成部分，真正推进多元文化和农村本土文化的融合，实现农村文化的历史进步和

现代化发展。

（七）发挥政府主导作用，加强农村文化建设的政治保证

政府作为农村文化建设的领导者、组织者和指挥者，面对农村社会经济成分、组织形式、利益关系、分配方式多样化和相伴而来的农民社会意识的多样化、文化价值选择多元化的新情况，在农村文化建设中，不仅要给广大农村地区提供统一的文化转型模式和标准的文化生活样板，而且要发挥主导作用，引导农村文化的发展方向和社会主义先进文化取向相符或一致。首先，要以社会主义核心价值观引领农村文化建设。社会主义核心价值观是社会主义的本质特征，指引着农村文化建设的价值追求和发展方向。因此，政府必须采用农民喜闻乐见的文化形式和语言方式，将社会主义核心价值观融入农民的实际生活中，向农民传递适合农村社会发展的价值理念和精神追求，赋予农村文化以新的时代内涵和时代主题。其次，提高农民的政治参与度，增强农民对中国特色社会主义政治文化的认同感。中国特色社会主义政治文化包含党的领导、人民当家作主和依法治国的主要内涵，为农村文化建设提供了正确的理念支撑和价值引导。加强农村文化建设就是要促使广大农民深刻理解并拥有民主与法治、公平与正义、权利与义务、自由与规则等意识，培育农民主动的政治参与意识和理性的政治参与行为，并能够积极主动、合法有序地参与到中国特色社会主义建设中，自觉维护和正确行使自身的政治权利。

第四节　农村文化产业发展

进入 21 世纪以来，随着农村经济、社会的蓬勃发展，农村文化产业对调整农村经济结构、推动农村经济发展、解决"三农"问题的重要性等方面，越来越得到国家和社会的广泛关注。在新的时期，要推动农村文化产业发展，就必须认识和把握我国农村文化产业自身的发展特点和发展规律，选择合理路径，以推进我国农村文化产业健康持续发展。

一、农村文化产业概述

（一）文化产业的内涵

"文化产业"命题出自西方，来自人们对文化软实力效应对经济影响的研究。"文化产业"一词最早由法兰克福学派的阿多诺与霍克海默在《启蒙的辩证法》一书中

提出，指"生产领域中广为人知的商品逻辑和工具理性，在消费领域同样引人注目"。20世纪80年代，经济学与管理学的理论和方法被引入文化产业研究领域后，学界进一步提高了文化产业问题研究的广度和深度，尤其是对文化产业本质、内涵、价值取向和现实意义等基本理论的研究都取得了突破性的成果。但文化的歧义性不可避免地带来文化产业内涵的多样性，致使目前学界对于文化产业的概念和内涵尚未达成学术共识。比如，美国从知识产权的角度将文化产业界定为版权产业；日本则从"内容产业"层面强调产业内容的精神属性，将其与文化相关联的产业统称为文化产业。为此，2003年联合国教科文组织把文化产业定义为："按照工业标准生产、再生产、储存以及分配文化产品和服务的一系列活动。"

我国文化产业起步较西方更晚，学术界早期的相关研究并没有对文化产业的内涵进行准确阐释，往往都是直接引用西方的研究。但学者们对文化产业本质的认识是共同的，即文化产业是将文化因素与经济因素合二为一，将文化作为商品进行生产、流通、消费、再生产的产业，认为"所谓文化的经济化，就是指文化进入市场，文化进入产业，文化中渗透经济的、商品的要素，使文化具有经济力，成为社会生产力中的一个重要组成部分。将文化的商品属性解放出来，这就增加了文化的'造血'功能，使文化进入良性循环的发展机制"。2003年，《中国文化产业年度发展报告》将文化产业定义为："由市场化的行为主体实施的，以满足人们的精神文化需求为目的而提供文化产品或文化服务的大规模商业活动的集合。"即将文化产业划分为纸质传媒业、影音传媒业、网络传媒业、广告产业、旅游产业、艺术产业、教育产业、体育产业。2004年，国家统计局发布了《文化与相关产业分类》，提出文化产业是"为社会公众提供文化、娱乐产品和服务的活动"。

（二）文化产业的属性

文化产业具有经济和文化双重属性，一方面体现着"商品"的自利特点，追求经济利益；另一方面它还具有鲜明的文化表征，甚至在某些领域还承载着意识形态的任务和职责，是一个国家和社会传播主流价值观，进行意识形态管控的实体和平台。所以，从内涵来说，文化产业是由市场化的行为主体实施的，以满足人们的精神文明需求为目的而提供文化产品或文化服务的大规模商业活动的集合体，是按照工业标准，生产、再生产、储存以及分配文化产品和服务的一系列活动。也就是英国学者卫赫斯蒙德夫所说的"社会意义的生产最直接相关的机构（主要指营利性公司，但也包括国家组织和非营利组织）"。

(三)农村文化产业的内涵

农村文化产业是一种以市场为导向,以提高经济效益为中心,以农民为创作与生产主体,以民间文化传统为产业资源,将地域性的传统历史文化资源转换为文化商品和文化服务的现代产业形式。农村文化产业在体现农村社会自身特点的同时,又要遵循市场经济规律,是围绕农村民间传统特色文化资源,利用现代经济理念而开展的经济活动。从外延上讲,农村文化产业表现为农村民间艺术演出、乡村旅游、地方特产业等行业;从其特质来说,农村文化产业具有资源独占性、知识创新性、福利服务性和环保生态性,带有浓郁的地方特色和乡土民俗气息。

农村文化产业建设对我国经济发展和社会稳定具有重大意义,"农村不稳定,整个政治局势就不稳定"。深入发展农村文化产业,是培养新时代农民的重要基础,是弘扬传统文化的有效载体,有助于农业产业结构的改善。农村文化产业的结构并不是现存的若干文化行业的简单相加,它反映的是农村生产力水平和制度条件下文化商品的市场化程度,以及在这种背景之下农村文化消费需求的主体差异,是农村社会关系的延伸。

二、农村文化产业发展存在的问题

近年来,国家加大了文化产业政策的扶持力度,明确了政策导向,优化了产业环境,有效推进了文化领域供给侧结构性改革。2004—2014年,全国文化产业增加值总量从3440亿元增长至23940亿元,年均增长21.41%;城乡居民文化消费总量从4415.89亿元增长至14915.39亿元,年均增长12.94%,农村文化产业在其中也得到极大发展,规模持续扩大,对经济增长的贡献显著提升,为推进农村经济、社会的发展,实现全面建成小康社会目标提供了有力支撑。但是,由于中国城乡二元社会格局的长期存在,我国农村文化产业发展也面临诸多现实问题。

(一)思想意识存在偏差,认识不到位

我国农村文化产业起步较晚,农村地区文化产业化的程度不高,受长期计划经济体制的影响较深,这些都是农村文化产业化发展的阻力。其中,也包括地方政府重视程度不够,认识不到位,在农村文化产业的发展上存在思想上的滞后性。近年来,尽管农民收入逐年提升,但总体水平偏低,导致城市与农村文化产业发展的不平衡性长期存在。另外,受到传统消费观念的影响,大多数农村居民对文化消费的意识比较淡薄,制约了农村精神文化消费的需求,因而在农村地区很难形成有效的消费者市场。在一些农村地区,文化产业没有得到足够的重视,就连一些农村工作者也

错误地认为农村文化产业仅仅是文化的问题，是可有可无的。同时，在市场经济的今天，农村长期以来存在的"一手硬、一手软"的工作现状，使农村文化产业滞后于农村社会的发展。农民的思想意识存在偏差，文化素质不高，辨别能力差，致使一些地方存在着不健康的文化思想和不正确的文化价值观，这些思想和观念阻碍了农村文化产业的健康发展。

（二）农村文化产业政策不够完善，文化产业发展不平衡

发展文化产业是市场经济条件下繁荣社会主义文化、满足人民群众精神文化需求的重要途径。2002年11月，党的十六大作出"积极发展文化事业与文化产业"的战略决策以来，出台了一系列文化产业的相关扶持政策与市场准入文件，但大多是笼统地提出资金支持或优惠措施，在农村文化产业的管理、投入等制度与政策上存在着滞后和缺失。相较城市文化产业建设在融资、赞助等方面的优惠政策，并未针对农村文化产业提出具体的对策，存在很多亟待解决的问题。

从现阶段来看，我国文化产业主要集中在经济较为发达的东部沿海大城市，尽管许多内地城市或地区，文化产业发展态势良好（如湖南、四川、云南、广西），但整体来看，我国文化产业的区域布局不均衡现象十分突出。由于区域经济发展不平衡，资源开发的不平衡性与政策的缺失，东西部之间、沿海地区与内陆地区之间、环城镇农村与偏远农村之间的文化产业发展差距较大。在东部经济发达地区农村，文化产业得到了足够的重视和长足的发展，文化搭台经济唱戏，已经成为东部新农村建设的重要形式。文化消费的丰富带动了农村演出、娱乐、音像、书籍、艺术等行业的快速发展，已经初步形成了全民、集体、私营文化企业相互协调发展的多层次、多门类、多形式的文化产业体系；而中西部地区农村的文化产业发展却十分落后，几乎空白。

（三）管理体制落后，文化产业内涵挖掘不深

在我国广大农村大多成立了相应的文化管理部门，但由于农村人口众多，面积较大，人口分散等原因，农村文化产业市场管理水平较低。有的地方对文化产业不重视，没能配备足够的人员和机构，仍然采取计划经济时期的落后管理方法，对农村文化产业采取睁一只眼闭一只眼的态度，使农村文化产业处于无人监管的放任自由状态。另外，农村文化产业市场发育也不成熟，没有形成完善的市场体系，农村文化产业的经营主体主要是以家庭为单位的个体农户，经营理念方式跟不上市场的发展和时代的要求，没有形成现代企业的经营理念，无法适应市场的瞬息万变。

农村文化产业发展"重资源、轻内涵"的现象比较普遍,产业链条较短,在本地资源的利用和开发上,短视行为导致作为文化产业市场最基本要素的文化资源没有得到充分利用。不仅开发不到位,没有充分地发挥其价值的状态,而且常常出现农村中许多独特的文化资源因保护措施不健全而遭到破坏的现象。另外,在市场经济的大潮中,由于农民的专业化水平较低,在文化产业的经营思想、融资方式、生产手段和管理模式方面缺乏科学的企业管理理念和先进的现代企业理论指导,市场信息敏感度不高,对现代电子商务的运用还没有完全普及,尚处在起步阶段,这些导致农村文化产业市场发育不充分,市场化程度较低。

(四)农村文化人才资源缺乏,队伍建设滞后

近年来,随着资本下乡和新农村建设的开展,农村文化产业的数量和从业人员呈逐年上升趋势,但总体来看,仍很难满足当前文化产业发展的需求。我国农村文化产业的从业主体以农村本地人口为主,而农村人口的总体文化素质不容乐观,小学文化程度的劳动力占大多数。甚至有的文化产业主要以家族为单位开展经济活动,其成员中还存在文盲或半文盲产业人员。因此,农村文化产业现有的从业人员大多不具备从事文化产业生产的相关技能,发展农村文化产业所必需的生产人才、管理人才、创新型人才稀缺。

我国农村居民与城镇居民相比,两者在受教育年限之间存在一定的差距。长期以来形成的小农思想的保守性与狭隘性使其在经济发展与经营管理中缺乏长远的观念,包括农村文化产业发展所必需的驾驭市场的能力以及可持续发展的意识。目前,我国农村文化产业从业人员结构以高职学历为主,本科以上学历,尤其是硕士研究生学历的人员比例较小,科研人员和综合型管理人才稀缺。另外,农村基层部门待遇偏低、环境差,缺乏让文化产业专业人才施展拳脚的相关机构和职位,文化产业人才长期短缺,人才外流、断层、老化现象日渐凸显。

三、充分发挥政府主导作用,促进农村文化产业健康持续发展

(一)强化政府主导,优化农村文化产业布局

农村文化产业的发展必须强化政府主导作用。农村文化产业起步较晚,发展不成熟、不完善,只有在相关政府部门的指导下,对其进行有效引导和规范、制约,才能推进农村文化产业的健康发展。国家应从制度顶层设计的角度对农村文化产业发展的总体目标、发展规模、发展方向以及可持续发展路径进行总体谋划,科学布局,并提出具体的可行性方案。地方政府则应根据地域特色与地方发展的实际情况

出台具体的、有针对性地规划和制度，引导农村文化产业科学发展。重点是把文化产业建设纳入总体规划，在发展目标、队伍建设、资源利用、品牌发展、资金落实、市场监督等方面制定相应制度规范。

没有政府的引导和国家制度的规制，农村文化产业就会陷入盲目发展、畸形发展的境地。近年来，有些地方文化产业发展呈现出"俗、黄、毒"的趋势就是缺乏政府的有效监管所致。另外，由于缺乏有效的政府引导，有些农村文化产业盲目发展、效益低下、生存困难等已成为阻挡农村文化产业发展的顽疾。因此，加强政府的引导和政策支持，是农村文化产业健康、可持续发展的重要保障。当然，农村文化产业的发展不但不能由政府完全包办，还必须面对市场，接受市场竞争的洗礼和磨炼，在市场竞争中发展自身，实现优胜劣汰。

（二）完善发展机制，健全农村文化产业市场体系

政府是农村文化产业发展的引导者与监督者，要想促进农村文化产业健康发展，就必须发挥政府的主导作用，在机制建设和市场体系建设上下功夫。完善农村文化产业发展机制，首先，抓思想保障。基层政府应高度重视农村文化产业工作，把农村文化产业纳入地方经济社会发展总体规划，与经济社会发展同研究部署、同组织实施、同督促检查。制定相关的法律法规和产业发展战略，及时为文化产业经营者提供服务。特别是要致力于优化政策以吸引各方投资，通过宏观的指导使产业工作者克服市场经济的盲目性，培育具有影响力的本地文化企业。其次，抓组织保障。政府要充分调动宣传、文化、人事、发改、财政、商务旅游、教育、民政、规划建设、卫生、统计、工信、公安、工商、税务、文联、群团等部门共同辅助做好农村文化产业建设工作，做到有人管事、有人抓事、有人干事，发挥市场对资源的优化配置作用，形成基层党委政府高度重视、宣传文化部门牵头、相关部门各司其职、全社会齐抓共管的文化工作格局，推动地方文化产业的大发展。最后，抓经费保障。建立农村文化产业发展专项资金和专用账户，建设文化基础设施。建立完善公共文化投入保障机制和乡镇文化专项资金使用管理办法，增加公共文化服务体系建设资金和经费保障投入，把主要文化产品和服务项目、公益性文化活动纳入公共财政经常性支出预算，对重大文化工程、免费开放等文化项目予以足额配套，确保转移支付资金中明确规定用于乡镇和村文化建设的资金政策落到实处。

2013年11月，《中共中央关于全面深化改革若干重大问题的决定》提出，要"建立健全现代文化市场体系"。农村文化产业的发展首先应建立在完善文化市场准入机制的基础上。基层政府要积极主动地起到监督与管理的作用，为农村文化产业营

造良好的市场环境，着力推动文化产业市场健康发展。坚持一手抓繁荣、一手抓管理，大力净化基层文化市场环境。建立参公管理的文化市场综合执法队伍，实行财政足额保障，行政执法规章制度健全，执法行为规范。将农村文化产业纳入国民经济和社会发展工作重点，开展文化产业发展调研，做好乡镇文化概念性规划，着力推进公共服务、新兴产业、特色旅游、社会道德等文化工程，培育扶持印刷、传媒等新兴文化企业和新型文化产业，针对地方特色发展休闲观光、红色旅游、文化消费及民俗节庆等文化旅游经济。注重地方特色文化品牌的创建，实施文化精品工程，培育诗书、舞蹈、民歌、绘画、刺绣等各具地方特色的文化产品展示市场。

（三）增强法治意识，建立健全农村文化产业的制度保障

为了有效利用文化产业资源，提高效益，推动农村文化产业的快速发展，必须进一步增强法治意识，建立健全农村文化产业的产权制度与企业制度。

产权制度是文化产业中最基本的制度安排。完善农村文化产业产权制度，一是加强文化产业知识产权的立法。目前我国虽然已颁布《商标法》《著作权法》《专利法》《计算机软件保护条例》等多部以知识产权保护为内容的法律，但由于科学技术日新月异的发展，我国法律中仍存在诸多知识产权保护的真空地带，导致我国农村文化产业发展中面临诸多法律困境。二是加强文化产权交易制度的建立。完善的文化产权交易制度有利于将文化产权推向市场，进行清晰的文化产权界定，并最终促成合理合法的文化产权交易活动的进行。同时，文化产权交易制度的建立能为农村文化产业的发展提供良好的发展机遇，在市场交易中得到认可，产生合理的效益，并进一步激发文化产业人员的积极性、创造性和主动性，从根源上给整个文化产业带来活力。三是繁荣文化产业的产权交易市场。文化产权交易市场的设立可以有效约束交易行为、防止腐败现象、保护文化资产安全的目标，为文化产业产权交易提供制度上的保障。

促进农村文化产业的发展，必须健全农村企业制度。一是加快建立文化企业。在计划经济时代背景下，农村文化被盲目政治化、单纯地被看作传播意识形态的工具，商品属性和价值规律被忽视。在市场经济的背景下，必须建立现代文化企业管理和运营机制，从而让文化企业最大限度地参与市场竞争，发展为真正的市场主体，按照市场规律、根据市场需求自主生产。二是推进农村文化企业的股份制改造。农村文化企业由于产权不清晰，往往人浮于事，经济效益和社会效益低下。因此，应推进农村文化企业股份制改造，建立现代公司管理机制，采用科学合理的股份制改造方式，充分调动企业的积极性，降低农村文化产业企业成本，提高效益，推动农

村文化产业健康发展。

（四）规范资本市场，创新农村文化产业投融资方式

目前，我国农村文化产业的多元化投资机制、投资担保机制等还尚未形成或者不尽完善，农村文化产业的投资与融资还面临较大的困境。因此，应创新投融资方式，为农村文化产业提供资金保障。

（1）丰富政府投资形式。文化产业"高投入、高风险"，单靠农村经济难以承担较大规模的产业开发、集群建构。因此，政府应以投资基金为主，采用奖励、扶持、转移资金等多种形式向农村文化产业投入，其中投资基金用于市场前景较好的产业，奖励性资金用于有创造成果的企业，扶持资金用于扶持重点产业。例如，少林寺作为登封市的重点发展产业，政府就提供了很多扶持资金，促进其市场化。这种政府多元化的投入方式能够激发企业活力，改善企业等无米下锅的困境，刺激企业积极创新。

（2）文化企业以股权担保融资。近年来，尽管银行等金融机构不断加大对文化企业的扶持力度，文化企业也开始并逐步向资本市场融资，但文化企业融资难的问题并没有得到明显改善。这是因为文化产业是一种无形资产，无形资产虽然价值丰厚，但变现能力却极为有限，大多数金融机构并不相信也不接受以这种资产提供的担保。除此之外，还有些文化企业会用未来收入为融资担保，这种确定性极小、风险极大的未来收入无法为融资者提供保障。因此，为了改善文化企业这种融资难的困境，应该努力让文化企业用股权作为融资方提供担保。

（3）农村文化企业以私募股权投融资。企业以私募股权投融资，比传统的担保模式增加了一个反担保方，打破了传统担保模式的三方，增加了为银行反担保的第四方，即私募投资公司。这种新型担保模式可以有效避免传统模式在被担保企业发生财务危机时银行和担保公司将承受较大风险的制度漏洞。

（4）加大民营资本对文化产业的投资力度。在国家大力扶持文化产业，将文化产业列为国民经济的支柱性产业的激励下，越来越多的民间资本开始投资文化产业，如民间企业投资拍摄影视剧等。同时，我国的文化产业也获得了各类产业企业的投资机会，包括房地产、餐饮业等。大批民营资本涌入文化领域、涉足文化产业投资，为我国农村文化产业发展提供了更多的资金，有助于推动我国文化产业的繁荣发展。

（五）加强队伍建设，完善农村文化产业人才培养引进机制

由于城市人才的高地效应和农村富余劳动力大量进城务工，我国农村文化产业的发展人才缺口较大。解决农村文化产业高素质人才短缺问题，已经成为当下发展农村文化产业的关键。为此，应完善农村文化产业人才引进与培养机制。

第一，坚持多管齐下、多元发展的人才培养原则，完善人才培养方式。在充分运用高等教育进行人才培养的基础上，还要通过进修、培训等途径培养农村文化产业方面的人才，提高农村文化基层工作者和普通工作者的素质。

第二，坚持兼容并蓄，完善人才培养、选拔、使用机制。要不断完善用人机制，大胆引进优秀人才，改善人才激励机制，拓宽人才选拔渠道，营造支持创新、鼓励创业、吸收和聚集优秀人才的文化用人环境。对有一技之长的特殊人才，要学会重用、善待他们，用事业让他们留下来为农村企业继续做贡献；对那些在农村工作时间长久、经验丰富的人才应进行职业培训；对行业领军骨干人才，要运用学校教育、实践锻炼的双重培养机制，使他们不仅熟悉当地文化产业的发展，而且能够了解国际、国内文化事业前沿发展动态，逐渐推进农村文化产业走向国际化。

第五章　面向新时代，加强农村基础工作

农村作为中国社会发展的"稳定器"，一直是国家加强社会稳定与社会管理的重点。在工业化、城镇化、信息化快速发展的时期，农村社会也在发生着巨大的变化，为进一步加强农村社会管理提出了新的课题。

2017年10月，党的十九大报告进一步提出，要"打造共建共治共享的社会治理格局。加强社会治理制度建设，完善党委领导、政府负责、社会协同、公众参与、法治保障的社会治理体制，提高社会治理社会化、法治化、智能化、专业化水平"。报告从建设社会管理体制到建设社会治理体制，从建立社会管理格局到构建全民共建共治共享的社会治理格局等方面，为促进农业农村现代化指明了方向、任务和实现途径。从社会管理体制、基本公共服务体系、社会组织体制、社会管理机制建设等方面，为加强农村社会管理明确了发展方向。

第一节　农村社会管理

一、农村社会管理概述

（一）社会管理

"社会管理"与中国社会科学中的诸多概念一样，并非源自中国本土。这一舶来词在20世纪80年代初传入中国学术界时，便被引入解析中国社会当时正在发生的变迁与转型。从20世纪70年代末开启的我国改革逐步由农村拓展到城市，发展经济成为主导国家建设的中心工作。经济发展所带动的社会结构变迁与旧有社会管理体系之间的冲突在20世纪90年代开始显得尤为突出：以产权多元化和经济运作市场化为导向的经济体制改革在促使中国社会结构发生急剧转型时，亦使与传统社会结构相配套的社会管理机制失灵，变迁的社会结构与旧有社会管理机制之间的冲突因社会分化的加剧、社会矛盾的增多而被不断放大。由此，"社会管理"问题突破纯粹的学术研讨而被政论界广泛关注。

"社会管理"一词在国家政府工作报告中第一次出现，是在1993年第八届全国

人民代表大会第一次会议上，八界人大政府工作报告指出，国务院机构改革方案的"重点是加强宏观调控和监督部门，强化社会管理职能部门"。在2003年10月召开的十六届三中全会上，党中央更是把政府职能定位为"经济调节、市场监管、社会管理和公共服务"，从而将社会管理从政治职能与经济职能中分化出来，明确将其规划为政府的主要职能之一。2004年9月，党的十六届四中全会召开，"社会体制改革"成为与经济体制改革、政治体制改革、文化体制改革并论的改革内容，加强社会建设和社会管理成为构建社会主义和谐社会的重要内容。2005年10月，党的十六届五中全会新提出，要开创社会主义经济建设、政治建设、文化建设、社会建设的新局面。2007年10月，党的十七大提出，要建立健全党委领导、政府负责、社会协同、公众参与的社会管理格局。2011年2月，胡锦涛同志在省部级主要领导干部社会管理及其创新专题研讨班上的讲话提出，要进一步加强和完善社会管理格局，切实加强党的领导，强化政府社会管理职能，进一步加强和完善基层社会管理和服务体系，把人力、财力、物力更多地投放到基层。2013年11月，党的十八届三中全会提出了创新社会治理体制的新观点、新要求和新部署，明确要实现政府治理和社会自我调节、居民自治良性互动，鼓励和支持社会组织参与社会治理，以此来激发社会活力。

（二）农村社会管理

2008年10月，党的十七届三中全会报告提出，要强化农村社会管理，"坚持服务农民、依靠农民，完善农村社会管理体制机制，加强农村社区建设，保持农村社会和谐稳定"。同时，报告明确了农村社会管理的基本内容：健全党和政府主导的维护农民权益机制，拓宽农村社情民意表达渠道，做好农村信访工作；加强人民调解，及时排查化解矛盾纠纷；深入开展平安创建活动，加强农村政法工作；推进农村警务建设，实行群防群治，搞好社会治安综合治理；建立健全农村应急管理体制，提高危机处置能力；巩固和发展平等团结互助和谐的社会主义民族关系；全面贯彻党的宗教工作基本方针，依法管理宗教事务；反对和制止利用宗教、宗族势力干预农村公共事务，坚决取缔邪教组织，严厉打击黑恶势力等。在此背景下，如何推动社会转型时期农村社会管理机制的完善与创新，促进农村社会的和谐稳定，再度成为学术界关注的热门话题。

（三）乡村治理理论

1995年，全球治理委员会对治理作出如下界定：治理是或公或私的个人和机构经营管理相同事务的诸多方式的总和。治理是使相互冲突或不同的利益得以调和并且采取联合行动的持续的过程，它包括有权迫使人们服从的正式机构和规章制度以及种种非正式安排。而凡此种种均由人民和机构或者同意或者认为符合他们的利益而授予其权力。乡村治理概念的提出与"治理"理论在全世界的广泛兴起和在中国的运用有密切关系，然而乡村治理本身则是一个古老的话题，它伴随人类社会出现乡村与城市的分野而产生。"乡村治理并不是一种现代现象，但乡村治理理论却是一种新的理论研究，这种新的理论只不过是对传统乡村社会管理的一种重新阐述而已"。所谓乡村治理结构，是指乡村社会在一定时期内较为稳定的治理模式，它包括治理主体的产生方式、组织机构、治理资源的整合以及存在于乡村社会的纵向和横向的权力关系等。乡村治理结构也被称为"乡村治理模式"或"乡村治理体制"。"乡村治理"是治理理论在乡村管理工作中的广泛应用，它涉及乡村治理的主体、权力结构、目标、方式等不同维度，再加上它集合不同学科领域、不同地理区域和不同学术流派的学者所进行的研究和阐释，其内容也变得非常丰富。乡村治理理论的内涵主要包括乡村治理的主体、治理权力配置的方式、治理的目的、治理的过程四方面。

1. 治理主体多元化

治理主体多元化是治理理论的主要内容，治理理论特别强调治理主体的多元化。除政府外，治理主体还包括其他民间组织和公民个人。在乡村治理中，乡村治理资源的多元性导致乡村治理主体多元性的存在。乡村治理主体不仅是正式的权力机构——政府，而且包括村庄内部各种得到村民认可的权威组织机构，另外，乡村治理还倾向更多地关注政府以外的乡村权威机构。

2. 权力配置多元化

在传统的乡村管理理念中，人们习惯性地认为只有政府掌握着管理公共事务的权力，公共权力的运用呈现出自上而下的单向性运行，但是治理理论却打破了这一定向思维，提出了权力依赖与权力的多元化配置。乡村治理理论的权力配置多元化承认了乡村社会的私权力在公共事务的治理过程中发挥着国家权力不可取代的作用。不仅是政府能行使乡村社会的公共权力，而且只要得到公众的认可，各种农村民间组织甚至是村民个人可以有效地行使乡村治理的公共权力。公共权力的运行在政府和社会之间呈现出上下互动的双向运行过程，同时在民间社会中呈现出平行互动的关系。

3. 以公共利益为目标导向

乡村治理的目标非常明确，就是实现对乡村公共事务的管理，实现乡村社会公共利益的最大化。因此，乡村治理以公共利益的最大化为目标导向。乡村公共利益是政府与农村民间组织、私人机构，甚至是村民个人合作的前提。治理理论打破了政府活动代表公益、私人和其他社会组织代表私益的狭隘观念，认为两者的目标可以统一，两者能够有效合作，从而追求公共利益最大化。在乡村治理理论下，乡村治理的一切行动都以公共利益为导向，只要是有益于增进村民公共利益的，就应该纳入乡村治理活动，只要是无益于或是有害于村民公共利益的，就在乡村治理范围之外。不管乡村公共物品的供给还是村民公共安全或部分村民的纠纷，甚至是家庭纠纷，只要影响公共利益的事务，就在乡村治理的范畴。

4.治理过程自主化

乡村治理是一个极其复杂而又不确定的过程，其所涉及的一切事务都围绕着互相之间联系日益紧密的乡村社会物质文化生活需要中所存在的问题。这些问题处于社会的最基层，加上乡村社会面积广阔，人口分散，政府部门既不可能把所管辖的所有区域置于掌心之中，也不可能对其实现完全的控制。因此，乡村治理理论要求村民基本上在宏观层面接受国家的方针政策，而在微观层面应该实行自主自治为上策，即发展自治组织进行自主管理。通过自主管理，乡村社会将会成为一个极具自主性、组织性的社会体系。自主组织理论认为，一个自治组织的产生、维持需要解决三个问题：第一，制度供给问题，即由谁来设计组织制度；第二，惩罚问题，即该如何惩罚以及惩罚的程度；第三，主体之间的相互监督问题。乡村社会是一个"熟人社会"，很多非正式组织、团体或自然村等，都能组成自治组织，从而实现管理过程自主化。

二、乡村治理与国家治理现代化

2013年2月，中央一号文件提出："顺应农村经济社会结构、城乡利益格局、农民思想观念的深刻变化，加强农村基层党建工作，不断推进农村基层民主政治建设，提高农村社会管理科学化水平，建立健全符合国情、规范有序、充满活力的乡村治理机制。"同年11月，在党的十八届三中全会上提出要深化社会体制改革，不断推进社会领域制度创新，推进基本公共服务均等化，加快形成科学有效的社会治理体制，确保社会既充满活力又和谐有序。12月，中央农村工作会议提出，要以保障和改善农村民生为优先方向，树立系统治理、依法治理、综合治理、源头治理理念，确保广大农民安居乐业、农村社会安定有序。同时，要重视农村基层党组织建设，加快完善乡村治理机制。在新的时期，创新乡村治理体制，建立健全行之有效的社会治理体制机制，维护农村社会稳定，既是国家治理的基础，也是全面建设小康社会的重中之重。

（一）乡村治理是国家治理的基础

在革命、建设、改革各个历史时期，我们党坚持把马克思主义基本原理同我国具体实际相结合，始终高度重视、认真对待，着力解决农业、农村、农民问题，成功开辟了新民主主义革命胜利道路和社会主义事业发展道路。农村改革发展的伟大实践，为建立和完善我国社会主义初级阶段基本经济制度和社会主义市场经济体制进行了创造性探索，为实现人民生活从温饱不足到总体小康的历史性跨越、推进社会主义现代化作出了巨大贡献，为战胜各种困难和规避风险、保持社会大局稳定奠定了坚实基础，为成功开辟中国特色社会主义道路、形成中国特色社会主义理论体系积累了宝贵经验。因此，乡村治理是我国最基层的社会治理，加强乡村治理不仅是乡村社会和谐稳定、经济发展和百姓生活的需要，而且是国家进行加强社会治理的基础前提。

（二）乡村治理机制是国家治理现代化的关键

农业是安天下、稳民心的战略产业，没有农业现代化就没有国家现代化，农业、农村、农民问题关系党和国家事业发展全局。实践充分证明，只有坚持把解决好农业、农村、农民问题作为全党工作重中之重，坚持农业基础地位，坚持社会主义市场经济改革方向，坚持走中国特色农业现代化道路，坚持保障农民物质利益和民主权利，才能不断解放和发展农村社会生产力，推动农村经济社会全面发展。因此，党的十八届三中全会决定提出，"全面深化改革的总目标是完善和发展中国特色社会主义制度，推进国家治理体系和治理能力现代化""创新社会治理，必须着眼于维护最广大人民根本利益，最大限度增加和谐因素，增强社会发展活力，提高社会治理水平，全面推进平安中国建设，维护国家安全，确保人民安居乐业、社会安定有序"。

（三）乡村治理是社会主义新农村建设的前提

当前，我国总体上已进入以工促农、以城带乡的发展阶段，进入加快改造传统农业、走中国特色农业现代化道路的关键时刻，进入着力破除城乡二元结构、形成城乡经济社会发展一体化新格局的重要时期。推进农村改革发展既具备许多有利条件，也面临不少困难和挑战，特别是城乡二元结构造成的深层次矛盾仍然突出，农村经济体制尚不完善，农业发展方式依然粗放，农村社会事业和公共服务水平较低，区域发展和城乡居民收入差距扩大，改变农村落后面貌任务艰巨，农村社会利益格局深刻变化，一些地方农村基层组织软弱涣散，加强农村民主法制建设、基层组织建设、社会管理任务繁重。因此，必须加强乡村治理，加强基层组织建设，加快农业基础建设，推进公共服务体系建设，不断巩固和发展农村好形势，使乡村治理跟上国家治理现代化的步伐，奋力开创社会主义新农村建设的崭新局面。

（四）乡村治理是全面建成小康社会的必然要求

没有农村繁荣稳定就没有国家繁荣稳定，没有农民全面小康就没有全国人民全面小康建设。当前，我国改革发展进入关键阶段，要实现全面建成小康社会的宏伟目标，加快推进社会主义现代化，就要毫不动摇地推进农村改革发展，以新的理念和思路破解农村发展难题，为推动党的理论创新、实践创新提供不竭源泉；坚持改革开放，把握农村改革这个重点，在统筹城乡改革上取得重大突破，给农村发展注入新的动力，为整个经济社会发展增添新的活力；推动科学发展，加强农业发展这个基础，确保国家粮食安全和主要农产品有效供给，促进农业增产、农民增收、农村繁荣，为经济社会全面协调可持续发展提供有力支撑；促进社会和谐，抓住农村稳定这个大局，完善农村社会管理，促进社会公平正义，保证农民安居乐业，为实现国家长治久安打下坚实基础。

三、农村社会管理机制的嬗变

（一）传统农村社会管理机制的特点

1. 不能强制，依礼而治

自秦汉开始，中国社会以官僚制为主要特征的国家管理体制逐渐形成，在这一体制中，中央集权的政府始终面临着一对矛盾：一方面，农村社会难以控制，一旦控制不当，就容易引发一些深层次的危机；另一方面，中央政府总是难以避免过多干预。就清代而言，空前辽阔的疆域仅由约两万名文官和七千名武官进行管理。由于国家的政权机构只设置到县，因此县一级便是最直接接近百姓的行政单位。因回避制度的实施，知县以上的官员不能在原籍任职，由于新上任的地方官通常不熟悉当地的情况，甚至不懂当地方言，于是其所做的任何事情都必须依赖衙役、书吏和幕僚。而这些办事人员除收税、缉捕等需要出外勤外，其余时间皆高居衙门，不同普通平民百姓打交道，因而他们不可能真正控制基层社会。中国传统的这套社会管理体制不可避免地造成国家与农村基层社会的分离。因此，就社会控制而言，政府需要一个群体来弥合这种断裂与区隔，而士绅阶层也正迎合了这种制度需求，其充当官民的媒介，以便上意下达、下意上通，联络官民。在由士绅而不是官府控制的乡土社会之中，其完成社会管理的机制是礼俗，而不是行政与法律。正如梁漱溟所言："中国旧日社会秩序之维持，不假强制而宁依自力，以如上述。然强制虽则少用，教化却不可少。自来中国政府是消极于政治而积极于教化的，强制所以少用，盖在缺乏阶级以为操用武力之主体，教化所以必要，则在启发理性，培植礼俗，而引生自力。"这种依托农村社会礼俗而进行社会管理的机制由于契合了乡土社会的结构与关系模式，而较好地完成了农村社会的管理职能，维系了农村社会秩序的稳定。

2. 熟人社会，以情而治

农村社会管理机制之所以能够有效运转，并促进农村社会秩序的稳定，根本原因还在于其契合了农村社会的结构。换而言之，即农村的社会基础与组织基础有效地保障了传统农村社会管理机制的运转与实践。关于中国传统乡土社会的性质，费孝通在其《乡土中国》一书中曾有精辟的分析，他指出从人和空间的关系来看，不流动是乡土社会的重要特征。乡土社会的不流动使身处其中的人们彼此之间形成了"对外以聚居集团为单位的孤立和隔膜，对内则以熟人社会为特色"的人际关联。而维系这个由熟人构成的"亲密社群"结构是"一根根由私人联系所构成的网络""这个网络的每一个结都附着一种道德要素"。因此，在传统农村社区，维系村庄秩序的是人情与感情的联系，以及由人情与感情延伸出来的礼俗与伦理道德，而后者正构成了传统农村社会管理机制的核心内涵。而支持礼俗与伦理道德在农村社会实践的则是农村社会的组织——家族组织，正是这一组织承载了传统时期农村社会管理机制的运作与实践。

3. 伦理至上，宗族自治

在传统时期，中央政府对农村社会的管理与控制主要依托农村社会内的自组织，即宗族组织。正如有研究者所概括的那样，传统中国农村的社会管理方式是"国权不下县，县下惟宗族，宗族皆自治，自治靠伦理，伦理造乡绅"。对此，吴理财作出了一个简要的概述："在中国，三代之始，虽无自治之名，然确实有地方自治之实，自隋朝中叶以降，直到清代，国家实行郡县制，政权只延于州县，乡绅阶层成为乡村社会的主导性力量。"而在农村内部，宗族与伦理成为自治的主要力量和依据，正如著名的家庭史专家 W. 古德所说："在帝国统治之下，行政机构的管理还没有渗透到乡村一级，而宗族特有的势力却维持着乡村的安定和秩序。"

（二）传统农村社会管理机制变迁的主要原因

1. 社会转型变迁

如果说传统农村社会的社会管理机制是政府在"儒家主义"理念下，以伦理规范教化民众，并以"少汲取、少干预"的方式对农村社会进行"简约治理"，那种这种"简约治理"在晚清随着国门被打开而发生转变——中央政府试图挑战与变更农村社会管理机制,以加强对农村社会的控制与汲取。当晚清的国门被西方列强的坚船利炮打开后,政府面临的首要任务便是保国保种、富国强民。一方面,要完成维护国家主权和领土的完整,结束国内军阀混战割据的状态;另一方面,则是要推进工业化,实现国家富强。无论是以战争为特征的政权建设,还是以工业化为特征的经济建设,都需要国家具备超强的社会动员能力和资源汲取能力。也正是在这种动力的推动之下,国家开始加强其政权建设,国家的权力逐步向下渗透。

2. 社会结构改变

20世纪初,科举制的废除改变了我国农村社会的阶级阶层结构,士绅阶层的数量和影响力因此而遭到大幅削弱。在中央政府不断推进经济建设和政权建设的同时,整个社会开始将中国传统的文化定为国家衰落的原因,于是全社会开始了对传统文化的质疑和批判。在此过程中,传统文化的合法性受到了彻底质疑,农村社会依托伦理、礼俗而实践的社会管理机制受到极大的冲击。纵观近百年的中国历史,虽然自19世纪末开始,中国社会便发生了"千年未有之变局",中国农村开始发生转型与变迁,国家政权逐步渗透到农村社会,农村社会维系自身秩序的"权力的文化网络"被破坏,但截至20世纪40年代末,农村社会的结构未发生真正的转型。1949年后,特别是20世纪50年代开启了农村集体化实践。集体化实践在相当程度上是国家在政治资源和社会资源双重匮乏的情况下,将基于其他国家的经验形成的政治沟通系统扩展至全国范围,从而使整体意义上的传统农村正式转变成为基层社会。在这一过程中,"集体"作为一个意识形态的新概念被深深嵌入农民的认知之中,原有基于血缘地域而形成的家族观及"差序格局"准则被贴上"封建"的标签被"革命"掉。集体背景下的农村社会结构与意识形态合法性对村庄社会的整合与控制亦构成了此时期国家对农村进行社会管理的基础。

(三)中华人民共和国成立以来乡村治理的发展历程

1949年中华人民共和国成立以来,我国的乡村治理大致分为"国家乡村管控""政社合一""村民自治"和主体多元等四个阶段。

1. "国家乡村管控"治理模式——农业合作化阶段

中华人民共和国成立初期到农业合作化之初,在国家统购统销制和重工业优先发展的思路下,村作为乡人民政府的下属机构或派出机构,完全在国家的管控之下开展经济和社会建设。1954年,国家取消行政村建制,我国普遍实行合作化道路,乡、民族乡、镇是农村基层政权组织,行政村是乡(镇)人民政府的下属机构或派出机构。

合作社管理委员会实际上行使了村组织的职权。

2."政社合一"治理模式——人民公社阶段

1958年8月，北戴河政治局扩大会议通过了《关于在农村建立人民公社问题的决议》。高级农业生产合作社升级人民公社，标志着农村社会"政社合一"体制基本确立，公社成为集体经济的组织者与基层政权的管理组织。村一级组织改为生产大队或管理区。以人民公社体制为核心的乡村治理模式以城市工业化为导向，适应中国工业化发展需要。"以政代企，政企不分"是这一时期乡村治理模式的典型特征，党政组织管理所有的乡村事务，在经济分配中完全以城市工业化为导向，对农业、农村"取得多，予得少"，通过制定和推行烈军属安置制度、日用品配给制度、农村人口管理等系列制度。这一时期的乡村治理制度为城市工业化提供资本积累服务，乡村自身的建设和发展是从属的。在这种制度下，农村经济社会发展缓慢。

3."村民自治"模式——乡政村治阶段

党的十一届三中全会以后，农民"自我管理、自我教育、自我服务"的村民自治模式迅速在全国推广，我国乡村治理逐步进入村民自治时期。"乡政村治"模式是家庭联产承包责任制推行的产物，是我国民主政治建设的成果。村民委员会是村里的权力机关，农户成为生产经营的主体。随着所有制结构多元化发展，乡村社会呈现出复杂性、多样性的特征，在经济社会快速发展的背景下，农村基层组织出现了村委会与党支部之间关系紧张的现象；村党支部软弱涣散，有些地方存在宗族家族势力把持局面，严重阻碍了农村经济社会的发展。

4.新时期乡村治理的主体多元模式阶段

进入新时期，农村双层经营承包责任制之下有了新的变化，农村青壮年劳动力很快大量流入城市务工，为农业规模经营提供了条件，家庭农场、合作社等新兴经济体兴起，给乡村治理的传统模式带来挑战。2006年，我国取消农业税，中央提出要减轻地方政府的财政压力，乡村治理具有了更高的自治性和民主性。一批产业协会、农业合作社等社会经济组织诞生，为农业规范化、专业化、产业化发展发挥了巨大的作用，民间组织发展非常迅速，在乡里矛盾调解、村民精神文化生活中发挥了作用。基层党组织、村委会作为村治的主要力量，承担着乡村医疗、教育、安全、扶贫、应急、社会保障等公共服务职能，乡村治理形成了多元化的局面。

回顾我国农村社会管理机制的变迁可以发现，每一个历史时期农村社会管理的实践都是为了回应此时期中央政府的治理需求，即农村社会管理机制的变迁伴随着中央政府的治理需求的变迁：传统时期，中央政府为了"简约性"地统治农村社会，而依托士绅阶层借由礼俗与伦理道德来完成农村社会的管理；晚期以后一直到民国政府时期，中央政府为了控制并改造农村，汲取资源，开始消解传统社会管理机制的合法性，推动国家权力下乡；中华人民共和国成立后的前四十年，国家为了完成工业化积累，在推行集体化的过程中，开始用意识形态来完成农村社会的管理，在推动市场化改革后，国家需要农村社会维持基本的稳定秩序，消解转型过程中所出现的社会危机与不稳定因素，为经济社会的改革与发展保驾护航。在每一个时期，农村社会管理机制能否有效实现政府的预期，在相当程度上取决于其制度设计能否有效地契合农村社会结构，即制度实践的社会基础与组织基础。

第二节　中国传统乡村社会管理模式

一、中国传统乡村的特征

中国传统乡村的基本结构形式是村落。村落是乡村社会政治、经济、文化生活的主要空间。自"五四"运动以来，村落基本被视为封建社会的基础，无论是革命者还是改良者，都将村落的改造与重建看作中国社会现代化的基本前提。

传统的中国村落，是中国乡村特有的自然生态、生产方式、社会关系与意识形态经过长期发展演变、形成的较为稳定甚至固化的空间结构。费正清说："村子通常由一群家庭和家族单位（各个世系）组成，他们世代相传，永久居住在那里，靠耕种某些祖传土地为生。每个农家既是社会单位，又是经济单位。其成员靠耕种家庭所拥有的田地生活，并根据其家庭成员的资格取得社会地位。"虽然由于地域原因，在我国各地的村落（如干燥寒冷的北方地区和潮湿炎热的华南地区）有一定的区别，但其都有一些共同的特征。

（一）空间的封闭性

自给自足的生产方式，决定了乡村村落与外界交往的动力机制不足，再加上我国特有的地理环境和交通工具的限制，中国乡村村落与外界的联系较少。虽然，在1840年后，东南沿海及一些大城市郊区的村落出现了一定程度的商品经济与开放社区，但就一般情况来看，大部分村落仍然处于封闭或半封闭的状态。这主要体现在两个方面：一是村落之间横向的物质与信息交流缺乏，虽然空间距离并不远，但实际上很少交往，"鸡犬之声相闻"，但"老死不相往来"；二是村落与国家政权之间的纵向阻隔，国家的权力与影响最低只能到达县一级，县以下基本上都是以乡绅为代理人的自治体系，国家权力很少能直接进入乡村村落。"由于村落家族共同体生活在相对集中的一块土地上，又能够在这个领域中达成一定水平的自给自足，外部也没有什么经济力量和信息力量能够有力地渗透到村落共同体中来，因此其封闭性就逐步形成了"。

（二）以耕地为依托

我国传统的生产方式就是自给自足的小农生产方式。这就使中国乡村村落的存在与发展直接依附在耕地上，能够提供乡村社会生活资料的耕地直接影响乡村村落的人口数量和生活质量，村落空间的布局都是以耕地为基本前提的。这一基本前提包括两个因素：一是所有的村落规模都是由其耕地面积的多少所决定的。在长期的演变过程中，当一个村落的人口增长到这个村落耕地面积所能承受的极限时，村落的一部分人口就开始向外迁移，或者进入那些耕地面积还较富余的村落，或者迁移至未开发地区建立新的村落。二是村落空间布局与耕地保持适当的距离，既不能将村落布局在耕地之上，这样会造成耕地资源的浪费，又不能离耕地太远，这样不利于耕种劳作的效率，一般都是安排在离耕地较近的山脚和地势较高的丘台上。

（三）以宗姓为纽带

如果说耕地是我国村落存在与发展的自然基础的话，那么宗姓则是中国村落的社会基础。血缘关系由内向外，构成了村落人口关系的网络。费孝通说："缺乏变动的文化里，长幼之间发生了社会的差次，年长的对年幼的具有强制的权力。这是血缘社会的基础。血缘的意思是人和人的权利和义务根据亲属关系来决定的。"而在宗姓关系中，最亲近的家族关系又成为一个村落稳定的核心因素，当一个村落的人口需要向外迁移时，首先迁出的是与村落权力核心血缘关系最远的成员。而在建立一个新的村落时，这些迁出的群体又会成为新的村落中最核心的骨干。

（四）以儒教伦理为意识形态

在中国所有的村落哪怕是最为偏远的村落，都有着完整的价值观念、道德规范和行为标准。乡村村落的意识形态是以儒教理论为基础和核心的，通过村落的宗法权力体系传播、巩固和实施，承担着维护村落成员精神世界认同、道德秩序稳定、人际关系和谐的重要职能。有学者指出："乡绅之于乡村的统治，非常关键的因素是由于存在与之配套的意识形态框架，与相应的道德氛围。""以'五常''八德'为标志的儒家伦理，实际上已经成为自秦汉以来的官方意识形态，对于相当依赖于血缘纽带，并以差序格局存在的农村家庭与社会，从'亲亲'原则出发的孝悌节义之类的道德讲求，具有强大的亲和力，为农民所乐于接受"。正因为如此，以儒教理论为基础和核心的意识形态成为乡村村落宗法空间的重要支柱。

二、我国传统乡村特征与现代社会的矛盾

我国村落所具有的上述几个方面特征，是由我国前现代社会整体发展方式决定的，反过来，它又极大地支持和维护了这种发展方式的稳定和延续。正因为这两方面的相互支撑与维护，中国封建社会延续了几千年，成为世界上封建社会存续时间最长的国家之一。1840年之后，作为封建社会基础的村落，在中国追求现代化的过程中，成为重要的障碍之一，封建村落与现代社会之间存在着深刻的矛盾。

（一）村落社会的封闭性同现代社会的开放性产生了矛盾

工业革命之后的生产方式是以人的高度专业化与合作化为前提的。专业分工的要求必然是高度的社会合作，高度的社会合作必然是高度开放的。合作扩大提高了人与人之间、区域与区域之间的物质与信息交流的规模和频率，这在以自给自足为生存模式的乡村村落是不可能实现的。中国村落社会的封闭性还体现在村落与国家权力之间的阻隔。国家权力无法进入乡村村落，集聚现代社会所需要的资源（人力与物力）。现代社会要求全国所有的空间都应该在国家权力的统一管控之下。传统村落游离于国家权力之外的自治就与此要求产生了矛盾。只有村落社会的开放，国家才能对村落实施有效管控。

（二）村落宗姓血缘纽带的社会关系模式与现代社会经济纽带的社会关系模式产生了矛盾

现代社会人际关系的纽带，社会交往的主要方式都是以商品流通与信息交换为基础和纽带的，社区的组成也是通过经济相互依赖为前提的。正如马克思所说，商品货币交换关系建立在精确的利益计算基础之上，它是理性的，而不再是温情脉脉的感情联系与交流。乡村村落的血缘关系纽带恰恰就需要感情联系与交流来维系，这就极大阻碍了商品交换关系纽带的建立。

（三）儒教禁欲主义取向的意识形态与现代社会消费取向的意识形态之间的矛盾

由于生产方式的落后，传统的农业社会基本上是一个短缺性的社会，生活资料绝对短缺必然要求人们以最小的物质消耗维持自身的生存。正是基于这种现实，传统社会意识形态就必然是以宣传和提倡节制使用物质资料为主要取向的，要求人们

控制自己对物质消费的欲望，最后演变为带有浓厚禁欲主义色彩的意识形态。我国村落的儒教意识形态就是其中的典型。现代社会是以工业生产和商品交换为基础的，既是一种扩大再生产方式，也是一种相对过剩式的社会经济形态。既然是过剩，就必然鼓励社会成员去消费，只有消费才能促进社会经济的增长，才能维持社会生产的顺利进行。显然，这种意识形态与村落空间中的禁欲主义取向的意识形态之间的矛盾是不可调和的。

三、中华人民共和国成立初期对中国传统乡村的改造

中华人民共和国成立后，在建设现代社会的过程中，乡村村落自然成为实现现代社会的总体目标而必须进行改造的对象。正是在这样的背景下，在中华人民共和国成立初期，就开始对村落社会进行改造，目的就在于要将传统村落的宗法空间转换成为具有现代特征的行政社区，从而为中国现代化的整体目标服务。

（一）用集体经济取代村落自然经济

在传统的村落社会中，基本都是一家一户的独立经济行为。中华人民共和国成立后，对旧有的村落经济进行改造，重点是要建立以集体行动为基础的新型经济社区。依照在根据地时期的经验，在村落社会中首先推行互助组，以互助合作模式开始替代家庭单干模式。《中国人民政治协商会议共同纲领》（以下简称《共同纲领》）规定："在一切已彻底实现土地改革的地区，人民政府应组织农民及一切可以从事农业的劳动力以发展农业生产及其副业为中心任务，并应引导农民逐步地按照自愿和互利的原则，组织各种形式的劳动互助和生产合作。" 1951年12月，中共中央印发《关于农业生产互助合作的决议（草案）》指出："提倡组和组、社和社、组员和组员、社员和社员之间的爱国丰产竞赛。必须在农村中提出爱国的口号，使农民的生产和国家的要求联系起来。片面地提出'发家致富'的口号是错误的。"各级党委政府在这一号召下，对在村落中推进集体经济都高度重视，努力贯彻落实。随着合作化运动的不断深入，经过初级社、高级社，集体经济组成单位的空间范围越来越大，特别是到了高级社阶段，规模都比较大，是几个村落的联合。到了人民公社后期，形成了"三级所有，队为基础"的经营规模，并一直延续到改革开放。通过改造村落自然经济来构建集体经济，对破除几千年来村落自耕农经济有着重要的意义。尤其是后来国家实行"统购统销"政策，将村落经济完全控制起来，长达几千年的村落自然经济被纳入国家的整体经济行动中去。

（二）以阶级关系纽带取代血缘关系纽带

传统乡村村落空间的结构支柱是宗姓的血缘关系，它是维系村落空间的最基本纽带。这一纽带将不同等级（阶级）关系的村落成员整合成一个利益共同体，模糊了村落中不同等级（阶级）成员之间的不平等关系，实际上在维护村落空间中一小部分"精英"成员的经济利益与社会地位，不利于在现代社会关系理念下全体社会成员共同利益的实现，制约了村落全体成员生产积极性与主动性的发挥，阻碍了乡村经济的发展与社会的进步。中华人民共和国成立后，打破旧的以血缘关系为纽带的村落空间，建立以阶级关系为纽带的行政社区，基本上沿用了根据地时期划分阶级关系的原则和方法。在各地新解放地区的土地改革中，其前期的重要工作就是对村落中的阶级关系进行普查，划定阶级成分，成为各根据地建设，特别是重新分配乡村社会资源的最基本依据。为了更加有力地推进这项工作，中央人民政府印发了《关于划分农村阶级成分的决定》。

（三）用国家政权直接监管取代村落自治

为达到国家权力进入村落，取代封建宗法权力的自治，打破封建保甲制度代理自治体系的目的，在中华人民共和国成立初期，首先，以军事管制为基础，宣布废除一切旧有的村落空间权力体系，对宗姓权力和保甲权力的掌握者采取强制措施。其次，建立新的、可控的乡村治理体系，选派工作队进入村落，由工作队控制村落的政治资源、话语资源。最后，组建以农会为基本框架的村落权力体系，经过物色和筛选，把政治上最可靠的村民组织起来，通过他们来取代旧有的宗姓族权和保甲权力体系，实现对村落的有效治理。农会在土地改革中发挥了重要作用，与上级派来的土改工作队一起，划分村落中的阶级成分，教育和动员农民，分配土地和浮财。在这些重大行动中，原有的村落权力体系完全没有参与，基本实现了新的权力体系取代旧的村落权力体系。然而，农会毕竟不是规范性的国家政治势力，它只能是国家权力体系的委托。所以，在农村集体化开始以后，带有自治性质的农会就慢慢地淡出村落的权力体系。

组建新的规范正式的村落治理政权也是一个不断探索的过程。在农村互助组建立的同时，先在县以下建立正式的基层政权，这种基层政权的管辖范围基本是以传统的乡为单位的。为了与旧的乡村社会治理结构相区别，用区来代替原来的乡。在人民公社化以后，村落又演变成为生产队或者生产大队，生产队一般是一个自然村落，生产大队是相近自然村落的联合。这一过程的完成，基本上打破了传统村落自治状态，国家权力直接进入村落，并对其实施有效的治理和管控。

（四）用意识形态取代儒教道德伦理

儒教道德伦理是村落文化的核心内容，不仅是村落社会外在秩序的重要规范，而且是村落民众保持内心和谐的逻辑基础。自"五四"运动以来，中国社会各种政治势力在提出中国现代化方案的时候，对乡村传统儒教文化的改造是其中必然内容。《共同纲领》规定："中华人民共和国的文化教育为新民主主义的，即民族的、科学的、大众的文化教育。"在乡村社会，为达到新民主主义文化建设的目的，主要通过宣传无神论和对宿命论的批判倡导自主意识，以村落中的阶级矛盾为基本动力强化斗争观念，激发广大村民的反抗意识与斗争精神，通过这种意识和精神，推翻妨碍乡村社会进步的反动势力。

中华人民共和国成立初期对传统村落的改造总体上来说是成功的，基本达到了瓦解村落宗法空间的目的，一步步地将外在政治的广大农民整合到国家政权体系之中，从而实现了我国历史上第一次国家对乡村社会真正而有效的控制，为即将开始的工业化和现代化的加速推进奠定了良好的基础。之所以在一个较短的时间内，完成了如此复杂艰难的历史任务，根本原因在于采取了正确的路径和方法，制定了合理的行动方案和推进程序。首先，以军事力量为后盾的政治压力强势介入，为村落的改造提供强有力的行动保证。其次，以资源的重新分配为改造凝聚群众的基础，通过土地分配，使广大村民真正得到了实惠，调动了村民的积极性，共同参与新政权对村落的改造行动。特别是在后来的"统购统销"实行之后，村落的经济资源分配基本由国家来支配，这一政策不仅具有经济意义，而且具有重要的政治意义，对村落宗法空间的改造发挥了极其重要的作用。最后，以广泛的宣传动员为村落的社会改造营造良好的氛围。无论是经济资源的分配，还是对村落权威的打击，都是通过充分广泛的宣传，让村民理解其意义，从而营造出村落改造的有利氛围。

第三节 转型期农村社会管理改革与创新

通常社会转型是指社会从农业的、乡村的、封闭与半封闭的传统型社会向工业的、城镇的、开放的现代型社会发生转变的过程。在我国，这一转型过程源自近代西方工业文明的撞击，后者引发了中国近代社会的持续变迁。在这一转型过程中，农村自身的封闭性逐渐被打破，农村社会不断被卷入宏大的政治、经济与社会体系之中。为此，农村社会结构的诸多层面亦随之发生了变迁，其共同构成了农村社会转型的基本特征，亦推动了农村社会管理机制的实践基础发生相应的转变。

一、社会转型对农村社会管理的时代要求

中国农村转型具有特殊的社会内容：在地理、生产、文化与治理上都具有特殊性的农村，一方面卷入市场经济乃至于社会的建构过程；另一方面被日益纳入现代国家治理的过程。这意味着国家与农村、市场与农村、城市与农村这三组基本关系的重新整理安排，这是中国农村社会从未经历的巨大转变。

（一）社会转型的新导向

20世纪80年代，我国开始走上改革的道路，由计划经济向市场经济过渡。计划经济是国家指令性计划来配置资源的形式，对生产、资源分配以及产品的消费要预先计划。市场经济体制与计划经济有很大的不同，它承认并维护私有财产，鼓励自由竞争、通过市场交换中的价格调节供求和资源分配，主要通过经济手段和法律手段对市场进行调节，注重效率的提升。

传统的乡村社会管理是与传统农业社会相适应的，传统农业经营不但规模小、效益低下，管理方式多以家族势力结合，手段相对单一，而且具有强制性。现代社会是一个开放的社会，固守传统的管理方式难以适应社会发展的要求，乡村社会管理亦是如此。在社会转型的过程中，受市场经济体制的影响，农民的思想观念发生了深刻变化，农村人口不断向城市转移，社会问题呈日益增多态势。党的十九大报告提出，打造共建共治共享的社会治理格局。加强社会治理制度建设，完善党委领导、政府负责、社会协同、公众参与、法治保障的社会治理体制，提高社会治理社会化、法治化、智能化、专业化水平。加强社区治理体系建设，推动社会治理重心向基层下移，发挥社会组织作用，实现政府治理和社会调节、居民自治良性互动。可见，现代乡村社会管理充满挑战，只有不断地创新才能跟上时代发展和进步的步伐。

（二）农村改革发展的新要求

1. 重建村庄与市场的关系

农业要想成为国民经济的增长点，农村和农民要想在商品经济中获得收益，就需要改变生产与消费均衡的传统小农经济模式，确立商品化的农业经济，并建立有效的市场链接；国家也要增加对农村经济的投资和保障，提高农村人口的技能并促进他们向城镇转移。为了实现农产品的商品化，村庄和农户还需要转变围绕生产消费均衡模式的生产与组织方式，包括改变村庄内部经济结构——需要发展非粮种植、养殖等以提高农产品的价值，在可能情况下还需发展工业增加非农就业，为此还需

要改变农村与农民的经济、政治与社会组织方式,改变农民的人力资本构成,以提高小农户的创新能力和竞争力等。

2.深入推进城乡改革联动

农村改革要坚持以增强农业农村发展活力为目的,加快完善城乡发展一体化体制机制,促进城乡要素平等交换和公共资源均衡配置。一方面,以促进人口城镇化为核心,以促进农民工市民化为重点,改革创新城镇户籍、住房、就业、就学和社会保障制度,增强城镇化对新农村建设的拉力;另一方面,以落实维护农民土地承包经营权、宅基地使用权和集体收益分配权为重点,切实保障农民财产权利和经济利益;创新农村社会管理,完善乡村治理机制,培育农村社会组织,健全农民权益维护机制,建立农村社会安全保障机制,增强新农村建设对城镇化的推力。

3.健全法治框架保障农村社会转型

农村的经济社会转型既是一场以市场化为基础的农村社会的现代化过程,也是一场实质意义上的社会整体嬗变,是包括器物层面、制度规范层面、思想文化层面各个社会领域的全方位变革。农村经济社会转型过程事实上是调控、协调各种利益冲突,进行价值判断和理性抉择的现代化过程,在此过程中,农村法治的健全和完备,具有不可取代的重要作用。农村法治的建构必须立足于乡村社会二元格局的现实,既要重点建构起农村基层政权的法治化权威,又要建构起乡村社会自治的法治化秩序,还要建构起两大领域秩序规则之间的良性互动局面。在农村经济社会转型期,基层自治的法治化不但是农村法治的重点,而且是农村法治最重要的政治基础,还是国家在推进农村基层法治进程中实现农村社会有序管理的首要任务。

(三)乡村社会管理的新趋向

1.从"大政府小社会"向"小政府大社会"转变

为更好地适应经济社会的发展,自20世纪80年代末开始,我国就加快了政治体制改革的步伐,从"大政府小社会"的管理模式向"小政府大社会"转变。在乡村社会管理中,要从传统的以行政强制为主的手段,向行政、法律、说服教育一体的综合管理模式转变,要在总结农村基层组织建设经验的基础上调动村民的积极性,提高村民管理自己事务的参与度。

2.从新公共管理向整体性治理的发展

整体性治理理论以公众的需要为基础,改进了"管理主义"的价值倾向;以整体性为取向,克服了碎片化管理的困境;以综合组织为载体,克服了过分分权的弊端。其强调以协调、整合、信任为主要内容,从分散走向整合,从局部走向整体,为公民能够更好地提供整体性服务，迎合信息技术不断发展和社会不断变迁的需要。在现代乡村社会管理中面对各种复杂破碎的问题和管理主体多元的特征，将整体性治理理念运用到乡村社会的管理中具有一定的现实价值。

二、新时期我国农村社会管理模式的确立

伴随经济现代化、工业化、城镇化的深入推进，我国农村发展也进入新的阶段。1978年我国的城市化率为17.9%，2011年为47%，2016年为57.35%，城市化的扩张使我国自然村从2000年时总数为363万个，到了2010年总数锐减为271万个，2016年总数锐减为261.7个。10年内减少90万个自然村，16年内减少约101万个自然村。1978年农民占总人口的82.1%，2008年农村常住人口占总人口的54.3%，2010年农村常住人口占总人口的50.32%。农村劳动力大量流动，尤其是农村社会内部社会结构分化、收入差距拉大、熟人社会逐渐陌生化，加速提升着农民的民主、平等和权利的公民意识，解构着传统乡土社会的关系网络和秩序规则，农民更多地关注自身现实利益的实现，导致利益纠纷增多、利益诉求和表达渠道多元化。这些变化使建立在"防"和"控"基础上的农村社会管理难以应对。近年来，我国农村社会管理政策调整，可以分为以下三个阶段：

（一）农村内部政策调整和乡镇治理结构转型阶段

从2000年初中央确定在安徽省试点农村税费改革开始，到2004年"多予、少取、放活"农村新政策的确定，再到2006年全面停征农业税，都主要围绕为农民减负进行。尤其是免除农业税后，改变了长期以来农民服从于国家的被动局面，迫使乡镇治理结构从传统的政府主导控制型向社会参与治理型转变，由此推动了乡镇机构、农村义务教育和县乡财政体制等为主要内容的农村综合改革。这一阶段实质上促成了农村社会治理模式和资源分配体制的创新。

（二）促进农村社会建设和缩小城乡建设差距阶段

从2006年全面停征农业税开始，中央制定并实施了一系列多予少取放活和工业反哺农业、城市支持农村的重大政策，全面构建农业生产经营、农业支持保护、农村社会保障、城乡协调发展的制度框架。仅2010年，中央财政用于三农方面的支出安排合计8183.4亿元，是1997年的10倍，用于农业扶持基础建设，促进农村教育、社会保障、医疗卫生、文化等社会事业发展，用于对农民的四项补贴（粮食直补、农资综合补贴、良种补贴、农机具购置补贴）等。

（三）构建城乡统筹一体化社会管理阶段

2008年10月，党的十七届三中全会召开，认为农村大幅度落后的影响不仅限于农村，农村问题已经成为困扰我国经济进一步发展的最大障碍，统筹城乡发展刻不容缓，城乡一体化则成为农村改革的最终目标。从此，掀开了破解城乡二元结构，进一步解放和发展农村社会生产力，增强城乡社会同质性的帷幕。目前，有一些地方已经开始尝试户籍制度改革，尝试城乡社会保障统筹一体化建设，深化农村合作经营体制，在更为广阔的空间内建立起无论是市民还是农民都认可和接受的社会规则。

农村社会建设与农村社会管理最终的目的都在于如何解放和发展生产力，如何为农民、为社会服务，只有通过有力的行政管理体制、财政体制、宏观调控体制，才能有效地动员全社会，调动全社会的生产积极性，实现经济的持续稳定发展。

三、新时期农村社会管理的机制建构

农村社会管理创新一方面要紧跟社会建设步伐，进行整体设计，增强全面管理、控制社会、协调城乡一体化发展的能力；另一方面既要科学合理地制定规则、规范运行，依程序办事，符合大众的心理预期，也要限制社会管理者权力的行使。因此，农村社会管理制度应兼顾实体性社会管理规则和程序性社会管理规则两部分的安排，既要注重民生建设的资源投入，也要重视程序性社会管理规则建设，理顺农村社会管理机制。

（一）贯彻社会公平正义的理念

真正的社会公正，不应只是对哪个特定群体有利，而是应当对所有群体都有利。即不仅要使全体人民共享改革发展成果，而且要为每一个社会成员的自由发展提供充分的空间。只有通过基于社会公正的基本制度来对基本权利义务和社会资源进行合理配置，从而使利益诉求和利益分配通畅与平衡，并得到社会成员的基本认可，才能使社会现代化建设获得成功。

（二）处理好城与乡、乡与村两个关系

首先，城与乡最终的关系是城乡统筹一体化发展。当下围绕户籍制改革、消除城乡二元结构和城乡统筹协调发展是这个关系的主要内容，它关系到现代社会体制的确立，开放、包容、合理、渐进的社会结构的形成"工业化、城镇化、信息化、农业现代化（四化同步战略）"的实现。地方政府不能简单地把户籍改革和城镇化理解为拆迁征地，把失地农民和农民工变为城里人就是现代化，而是要站在社会建设、

民生建设、以人为本的高度进行综合社会管理，缩小城乡差距，解决弱势群体的实际困难，将社会问题提前化解，减少因经济发展、社会变革带来的焦虑与不安。

其次，乡与村的关系涉及乡镇行政管理权力与村民自治权力的调和。构建新时期农村社会管理机制，应着眼于增强乡村社会关系的张力程度与自身化解风险的能力，既要保证社会管理权力的通畅，也要保证基层社会自主权的实现。如应考虑修改和完善《村民委员会组织法》，让其他村民社会组织的合理诉求有通畅的表达渠道，使之能积极参与农村社会建设和社会管理，形成国家秩序与农村社会自发秩序有效衔接的政治机制。

（三）加强法律制度的改革和道德文化建设

（1）改革我国现有的财税体制。建立与地方政府事权与财权相匹配的财税体制，合理划分中央与地方收入，调动地方政府进行社会建设、社会管理投入的积极性，加大对贫困地区的财政转移力度，力争经济欠发达地区的社会公益建设由政府解决。

（2）完善社会保障法律制度。将城乡居民基本养老、基本医疗保险、居民社会福利、大病救助做统筹一体化建设，打破城乡身份界限，逐渐消除城乡差距，提高农村"五保"供养和农村扶贫标准，增强农户投保积极性，适当增加和提高农户的投保义务和标准，形成"公平"与"效率"兼顾的农村社会保障体系。

（3）调整农村产权法律制度。围绕土地、宅基地、林地、牧场等进行物权改革，建立适应当代农村生产生活实践、适应市场需求的现代物权制度，平等产权人法律地位，改变集体土地只有村民委员会和政府说了算的局面。

（4）加强农村道德文化建设。农村公民的道德文化程度，决定的是一个国家的民主和现代化程度，关系到未来经济社会的发展。

（四）促成合理的社会机制形成

政府在社会机构中起关键作用，要建立起与现代化相适应的社会机制，当前地方政府尤其是基层政府必须向以下四个方面转型：

1. 退经入社——服务型

服务型即地方政府（尤其是基层政府）的中心任务要由以经济建设转向社会建设与社会管理，不要让经济数据和"政绩"蒙蔽双眼，应尽快转变工作思路。把经济的事交给市场，政府（主要指中央政府）只要创造条件、制定规则、进行宏观调控即可。只有面对转型时期众多的社会问题，才是当前地方政府工作的重心，否则，社会建设不成功，最终还是实现不了现代化。因此，政府在组织社会管理上要有明确的任务和时间表。

2. 共同参与——合作型

改变长期以来依赖科层官僚管理体制和行政权力进行社会控制、社会整合的局面，形成包容、妥协、合作、各方主体共同参与政治、经济、社会、文化、生态建设的繁荣局面。就政府内部而言，要改革议事机制，拓宽民众参政议政渠道，提高地方政府的积极性；就外部而言，要放活社会组织，改革官办的社会组织，提高社会组织、民众参与社会建设的积极性。

3. 削权尚法——法治型

当前，我们的法治建设重点还处在如何规范、限制公共权力上，倡导法治是社会（尤其是陌生社会）的需要，法治会给人们带来安全感、秩序感、规则感，有助于确立社会正常运行的基本秩序，有效维护公民的基本权利，使社会各个群体之间的良性互动有章可循。

4. 疏导防控——综合型

要消除社会矛盾、解决社会问题，就要综合性布局，而不仅仅是社会治安综合治理，不仅仅是社会公共设施、环境治理，要理顺利益格局、改善民生、藏富于民、消除社会不公、治理腐败和行业垄断，建立社会、生态预警系统，进行有效的社会预防护理。

（五）以民生建设为突破口

这虽然是当前一项功利性选择，但也关系到民生基本状况的改善，关系到民众对改革积极认同的态度，有助于社会安全运行和改革顺利推进。由于当前社会建设的重点是围绕民生展开的，因此，当下农村社会管理的核心应是实体社会保障制度和程序社会保障制度的建设与充分实施。

四、新时期农村社会管理职能创新

当前，农村社会管理职能创新是要将职能重心转变到提供公共产品与公共服务上来。针对当前我国农村社会管理的实际情况，如政府长期采取有差别的政策发展战略形成的城乡分离的二元结构、城乡公共服务与公共产品供给不均衡、农村整体上大幅度落后于城市发展；以政府为中心的农村公共产品与公共服务提供机制、非政府组织在农村社会管理发挥的作用有限以及其自身力量薄弱等现实，必须充分发挥政府社会管理职能重心的主导作用。目前，推进农村社会管理职能创新，发挥政府主导作用，最为迫切的是建立以下几个方面的内容。

（一）建立健全农村社会保障体系

健全农村社会保障体系对维系农村公正、稳定的社会秩序有极其特别的意义。目前许多因素，如城市化建设在农村的征地与拆迁、农民相对脆弱的抵御市场风险能力、城乡收入差距扩大等对农村居民生存生活构成巨大的风险。因此，农民的基本社会保障体系的建立和完善，对维护农民权益、缓解农村社会矛盾，维持社会稳定起着非常重要的作用。农村社会保障体系的建立应该作为政府在农村管理中最重要的社会管理职能来对待，将其上升到政治层面。当然，政府可以利用其独特的影响力，如通过补贴资助、奖励等措施引导社会机制进入这个领域，如鼓励商业性保险机构、社会机构自办养老机构等方式为农村社会保障提供有益的补充。

（二）促进农村劳动人口就业

我国"十二五"规划纲要提出"坚持把促进就业放在经济社会发展的优先位置"。近年来，随着国内经济体制改革深入，产业结构转型，我国面临着巨大的就业问题，农村转移劳动力需要进入就业市场的数量规模庞大。据统计，2009年，我国农村剩余劳动力的数量基本上为0.85亿~1.15亿人，农村剩余劳动力占乡村从业人员的比例为16%~22%。要形成政府主导负责，非政府组织积极参与的促进就业格局。政府社会管理的职能是创造积极的环境，在制度上取消对农民进入城市地区和异地就业的限制，如户籍制度、农民工子女义务教育制度、异地就业的劳动与社会保障制度；建立健全劳动力市场，创造更多的就业岗位；建立健全农村劳动力培训机制和职业教育制度，为促进农民就业提供基本公共服务。政府以外的社会组织则可以依据政府的统一规划，如市场组织直接承担职业培训任务，村委会通过村级产业规划创造劳动力就业岗位，与市场机构、企业等形成组织化的联系向外输送劳动力等。

（三）重视农村生态环境管理

工业革命在促进社会深刻变化，将我们带入现代化的同时，也让我们付出了惨重的代价——自然生态环境的破坏。与核竞赛相比，非预谋的环境灾难可能引发的末世景象显得更具威胁。在我国农村，工业污染严重，世界银行将我国农村的工业污染列为仅次于城市水源污染和城市大气污染的我国三大严重环境污染问题之一；农业污染没有引起重视，农药化肥过量使用、未经处理的动物粪便随意排放，耕地退化、土壤富营养化、河流湖泊污染现象普遍；现代生活垃圾增多，无法依靠自然降解；水土流失、森林减少、耕地减少趋势加速。政府职责首先是要改变城乡二元不同步的环境生态治理格局。加大对农村生态环境保护的公共财政支持力度，优化产业结构的布局，加强农村环境污染治理的基础设施建设等。社会组织作为积极的参与者，可以通过志愿者组织以及作为自我行动者等方式投入生态环境维护上来。

（四）加强农村社会公共安全管理

邓小平同志曾指出："中国有百分之八十的人口住在农村，中国稳定不稳定首先要看这百分之八十稳定不稳定。城市搞得再漂亮，没有农村这一稳定的基础是不行的。"目前在农村地区，由于卫生、环境、经济、文化、政治等因素引发的安全事件时常出现。例如，因农村拆迁征地引发的集体上访；因治安个案引发的群体性事件；因农村文化产品供给不足导致的农村文化生活空虚。对政府而言，要打破高度集权的公共安全维护体系，建立政府治理与市场化、社会化相结合的多元主体安全综合治理模式。在新的治理机制里，政府负责满足基本的安全产品，社会组织负责提供多样化与个性化的安全服务，如通过类似成立义工巡逻队等农村社区自助安全服务机制等，最终形成政府主导与负责，社会积极参与的农村社会公共安全与服务的网络式供给机制。

五、转型期农村社会管理实践的困境与展望

社会转型的过程往往伴随诸多社会问题的凸显与社会结构的紧张，这迫切需要社会管理机制的有效运转。近年来，伴随着社会转型，社会出现断裂，社会利益主体发生分化，权势阶层与弱势群体的冲突呈现，这使社会的和谐与稳定面临着极大挑战，而作为我国社会发展"稳定器"的农村，近年来一直是国家加强社会稳定工作与社会管理的重点。反思当前农村社会管理的实践可以发现，既有社会管理机制自身的若干问题是造成当下社会管理机制运作失灵的重要原因。

（一）当前农村社会管理体制困境

1. 城乡居民收入存在差距

虽然国家加大了对农村的反哺力度，支农惠农政策得到全面贯彻执行，农民人均收入有了大幅增加，但相比发达国家农民人均收入与我国城镇居民人均收入而言，农民人均收入仍然较低，农民可支配收入尤其是财产性收入较少，导致农村社会管理的物质基础尚不够坚固。

2. 农民基本权益保障有待加强

当下，我国农村基层民主建设进入一个新的阶段。村民自治获得空前发展，自我管理、自我教育、自我服务的功能得到大幅度提高，基层民主政治建设得到大力推进。然而，在单向度的城市化发展战略下，我国农村尤其是中西部地区农村人口越来越

稀少，农民纷纷涌入城镇务工，但因受到户籍制度等的限制，他们不仅被"农民工"这个符号所标记，且沦落为城市社会中的"二等公民"，其权益被侵害事件经常发生、权益保障严重不足。

3. 农民精神生活质量较低

农村文化是农村社会不可缺少的有机组成部分。近年来，在社会主义新农村建设的推动下，农村文化得到了逐步发展，农村文化基础设施有所改善，农家书屋、文化下乡以及电影下乡等极大地丰富了农民的文化生活。然而，经历了40余年改革开放的中国农村，虽说思想文化领域发生了一系列重大变化，但农村文化发展仍存在一系列难题：农村文化管理体制混乱，无法适应现代农村的发展要求；农村文化边缘化、庸俗化严重等现象突出；农村公共文化资源匮乏，与农民日常生活紧密结合的文化资源不足，这些都无不证明农民精神文化质量堪忧。

4. 农村发展后劲不足

改革开放以来，农民进城务工成为常态，民工潮年复一年地在中国大地上上演，外出务工成为农民收入增加有限条件下的一种次优选择。农民进城务工，增加了收入，扩大了视野，对农村经济发展起到了一定的促进作用。但是，农民的外出，尤其是大量青年农民的外出，使农村空壳化趋势加重，农村不仅缺乏经济建设者，也缺乏社会管理者，农村衰败愈演愈烈。如何使农村留得住人才，留得住农村发展所需要的人才，是当前农村社会管理创新所需面临的重大课题。

（二）当前农村社会管理实践的困境

1. 农村社会管理主体单一

就当前农村社会管理而言，基层政府仍然是农村社会管理的绝对主体。虽然名义上村民委员会是村民的自治组织，但明显已经"行政化"的村民委员会并未充分扮演村庄社会管理者的角色，这种现象在税费改革之后的农业型村庄表现得尤为突出——资源约束使村委会无法有效地实践村庄内的社会管理。而乡镇基层政府在经过改革后，其职能的内容和范围都发生了重大变化。当国家从"全能性国家"转变成"有限政府"后，政府不再可能全面垄断经济社会资源，"以经济建设为中心，坚持有所为有所不为"则成为政府治理实践与社会管理的行为准则。在此背景下，政府所掌握的公共资源有限，其所管理的内容与范围亦不能涵盖农村社会管理的方方面面。在政府无法独立承担农村社会管理重任的情况下，其他管理主体的缺位势必造成农村社会管理的不到位。

2. 农村社会管理机制亟待更新

农村社会管理的目标是协调不同利益主体的需求，促成农村社会秩序的生产与维系。为此，农村社会管理体系的建设必须指向其管理目标的利益需求。在转型期，农村社会的一个重要特征即个体与组织的异质性增强，乡村社会内各个体与组织的分化加剧。根据浙江大学2004年"农村收入多元化与农民阶层分化的互动研究"课题组在江、浙、冀、赣、川五省进行的专题调查发现，在目前农村劳动职业构成中，农业劳动者占34.9%，农村管理者占4.6%，农村智力劳动者占6.7%，雇工占12%，个体工商户占20.2%，农民工占13.3%，乡镇企业管理者占3.0%，私营企业主占2.1%。这种职业分化带来了经济利益与社会需求的多元化，需要农村的社会管理机制对之进行有效协调与整合。而在对多元化的利益进行协调、对多元化的资源进行整合、将原子化的个体整合进各种不同的社会共同体中，以令其获得归属感和安全感，促使多样化的思想观念在求同存异和包容多样性中通过协商对话和平等交流以达成共识和扩大认同，是当前农村社会管理所需要面对的问题。相比之下，当前的农村社会管理机制显然落后于农村社会结构的分化，其未能建立起针对已经分化了的不同农民与组织利益需求的管理方式与策略，从而使目前的社会管理机制无法应对农村社会的需求。

3. 农村社会管理理念陈旧

当前，农村的社会管理体制仍为计划经济体制下形成的"强政府—弱社会"的静态社会管理体制，这种机制在目标上直接指向对个体和组织的监管与控制，其无论在管理手段还是在管理方法上都较多地延续着传统的色彩，这使政府在管理社会的过程中，往往重视对管理对象控制，而轻视其对象权利保障与维护。这种管理手段与管理理念在"总体性社会"时期，由于社会基础与组织基础的存在以及其他配套制度的实践，而能够基本满足社会管理的功能需要。但是随着农村社会的发展，特别是市场化与流动性的增强，这种陈旧的管理理念已经无法满足农村社会的需求，形成了社会需求的多样化与社会管理陈旧理念之间的冲突。就当前农村社会而言，农民的温饱问题已经基本解决，而正如马斯洛的需求层次理论所分析的那样，当一个人较低层次的需求得到满足之后，其将转向较高层次的需求。在农民的衣食住行等基本生活需求获得保障与满足后，追求自身的发展、谋求自身权益的维护等便成为农民新的需求，农民期望在城乡之间自由迁徙，期望自己拥有足够的表达权、参与权、知情权与监督权。

4.农村社会管理危机应对乏力

德国社会学家乌尔里希·贝克曾富有洞见地指出:"人类社会正在进入一种历史时期——风险社会。"随着改革开放的不断深入与市场经济的迅速发展,虽然社会经济获得了长足的发展,但社会转型的加剧及现代性的扩张,却使我们所处的社会日益具有极度的不确定性和高度的风险性,即日益陷入"风险社会"之中。在此过程中,传统的风险因素越来越受到控制,而新的风险却又源源不断地被人为地缔造出来。近年来,连续发生的天灾(如大地震)、传染病(如SARS、禽流感等)、恐怖活动以及社会骚乱等突发事件预示着"风险社会"正在逼近。对此,当我们的社会管理机制还停留在控制与监管等常规性的控制机制,而无法对风险进行防范与应急处理时,其管理的绩效自然不佳。

(三)转型期农村社会管理创新的路径

社会转型在推动农村社会发生变迁的同时,亦使农村社会管理机制实践的社会基础与组织基础都发生了变化。为了实现农村社会的有效管理,政府必须推动建立一种复合式的农村社会管理机制来回应农村社会日益分化与多元的结构特征与利益需求,以维持农村社会的稳定。所谓复合式的农村社会管理机制,是立足当前农村社会业已分化的特征,建立主体多元、规则法治、体系健全的社会管理机制。这一管理机制在管理主体上需突破当前农村社会管理机制中管理主体单一的格局,建立包括政府、党组织、农民自组织在内的多元化管理主体。在管理规则上严格依照国家法律规行事,推动"依法行政、依法管理"。在管理体系上,一方面,加强民生工程建设,减少问题产生源;另一方面,健全危机干预与应急体系,建立一整套包含常态管理与危机处理并存的多维度的社会管理体系。

1.加大力度发展经济,夯实乡村社会管理的基础

马克思曾说:"在不同的占有形式上,在社会生存条件上,耸立着由各种不同的、表现独特的情感、幻想、思想方式和人生观构成的整个上层建筑。整个阶级在它的物质条件和相应的社会关系的基础上创造和构成这一切。"在乡村社会管理中,各级党委政府应全心全力和群众一起谋发展,挖掘当地的特色优势,调整产业结构,通过引进项目就近解决就业问题。这样不仅可以解决乡村劳动力的富余问题,而且能增加农民的额外收入,有利于维护乡村社会的整体发展秩序,达到便民、利民、富民、安民的效果。

毛泽东在1957年发表的《关于正确处理人民内部矛盾的问题》中说:"在社会主义社会中,基本的矛盾仍然是生产关系和生产力之间的矛盾,上层建筑和经济基

础之间的矛盾。不过社会主义社会的这些矛盾,同旧社会的生产关系和生产力的矛盾、上层建筑和经济基础的矛盾,具有根本不同的性质和情况罢了。"我国是一个农业大国,全面建设小康社会的重点和难点都在农村,农村生产力的发展是经济整体上升的重要一环。面对诸多农村经济发展的问题,政府应加大支持力度,形成工业反哺农业、城市反哺农村机制,为农村发展提供人才与信息资源。另外,农民要积极参与到建设中来。要坚持科学发展,转变农村经济发展的方式,由粗放型向集约型转变,这样国民经济的基础才能得以巩固。

2. 加强农村组织建设,推动农村社会管理主体的多元化

当前,农村社会管理体制中政府是绝对的管理主体,这不仅使政府的"责任无限大",而且由于管理主体的单一及管理资源的匮乏,当前的农村社会管理无论是在广度上还是在深度上都存在明显不足。对此,农村社会管理机制的改革与创新首先必须在管理主体上突破政府单一管理的局面,推动农村社会管理主体的多元化,使基层政府、党组织、农民自组织、企业及农民等不同主体都参与到农村社会管理实践之中,共同构筑一张错落有致的农村社会管理网络。农村社会管理主体的多元化,将使社会管理的资源筹集渠道更加多元化,这不仅有助于多方位地保障农村社会管理实践的资源供给,而且能够最大限度地促使社会管理资源的优化配置与合理利用。

农村税费改革的推进与实施,虽然改善了干群关系,但对大多数农业型乡镇而言,由于资源的匮乏,其成为"悬浮型政权",无法有效地履行农村社会管理的职责。加强农村组织建设,不仅要激活基层政权组织及基层党组织在社会管理中的主导作用,而且应积极培育和扶植农民合作经济组织、农民文化组织等农民自组织,正确引导其参与到农村社会管理事务之中,使之立足于农民、服务农民,以最贴近农民生活的方式,最"简约"同时也最有效地完成农村社会的管理。

3. 法治与德治并举,构建双重整合载体

当下我国正处于社会转型期。同时,我国社会转型是一种后发外源型的社会转型。处于转型期的中国农村因社会流动、社会分层与分化所引起的农村社会结构的变化,以及农民之间的利益结构、价值观念等的多元化,使农村社会整合出现了一些危机,农村社会管理面临巨大挑战。邓小平指出,制度问题"更带有根本性、全局性、稳定性和长期性"。为此,要加强农村法治建设,加快"送法下乡"步伐,为农村经济社会发展准备法制基础,为农村社会矛盾与纠纷解决提供中介力量。同时,也要建立与我国农村实际相吻合的道德规范体系和整合机制。在此基础上,构建起我国农村社会发展所需要的双层面整合载体。

4. 更新管理理念，推动以权利保障与民生建设为导向的社会管理机制建设

就农村社会管理而言，控制与监管仅仅是社会管理的一种手段，这种手段的目的亦是维持农村社会秩序的稳定。在新的时代背景下，农村社会结构以及农民的利益需求都发生了广泛分化。为此，若要实现农村社会的有效管理，维持农村社会秩序的稳定，农村社会管理必须面对农村社会结构的特点以及农民分化了的利益与需求，并在此过程中不断更新管理理念，调整管理手段与管理策略，变静态的社会管理为动态的社会管理，变以控制与监管为主导的社会管理为管理与服务并重的管理方式。农村社会管理机制的改革与创新在回应农民对自身权益追求的过程中，应该积极推动以权益保障与民生建设为导向的社会管理体系建设。这不仅包括要充分保障农民在社区生活及公共事务中的知情权、参与权与监督权，而且要求政府在医疗、教育、养老等公共服务中提供良好的服务供给，从根本上消除农村社会中的矛盾产生源，进而促使农村社会良好秩序的达成与维系。

5. 增强风险管理意识，加强农村社会管理体系中的危机应对机制建设

农村社会管理体系中除了常态化的管理机制，还需要建立和完善应对突发事件的危机应对与管理机制。这种危机应对机制的核心是"分类管理、分级负责、条块结合、属地为主的应急管理体制，形成统一指挥、反应灵敏、协调有序、运转高效的应急管理机制"。虽然在"非典"事件过后，中央政府一直致力于政府应急体系的建设，但就危机应对与管理机制而言，单靠政府的管理是不够的，还需要将社会力量动员和利用起来，将政府的主导作用和社会的主体力量结合起来，建立社会应急体制，确保当农村社会发生突发性事件、灾害以及群体性事件时，政府能够有效应对。

6. 一体化互动消除城乡发展差距

城乡二元体制是横亘在城乡之间的重要屏障，是城乡和谐发展、协调发展的最大阻碍。当然，城乡分割体制的革除，并非一蹴而就。加强和创新农村社会管理，必须革除城乡二元体制，确保城乡统筹发展，推进城乡一体化发展，通过消除城乡发展差距来增强农村的发展后劲。

第六章 面向新时代，建设美丽乡村

人与自然是生命共同体，人类必须尊重自然、顺应自然、保护自然。人类只有遵循自然规律才能有效防止在开发利用自然方面走弯路，人类对大自然的伤害最终会伤及人类自身，这是无法抗拒的规律。2017年10月，党的十九大指出，要加快生态文明体制改革，建设美丽中国。坚持节约优先、保护优先、自然恢复为主的方针，形成节约资源和保护环境的空间格局、产业结构、生产方式、生活方式，还自然以宁静、和谐、美丽。加强农村生态文明建设是建设美丽中国战略的重要组成部分，是推进城乡融合发展战略的实际步骤，也是推动农村经济社会发展以及农村全面建成小康社会的必然要求。

第一节 生态文明与生态公平

一、生态文明概念溯源

"生态文明"是由"生态"与"文明"两词复合而成的概念。"生态"一词源于古希腊语，原意指"住所"或"栖息地"。德国生物学家海克尔于1866年最早提出"生态"一词，指动物对于环境所具有的关系。"文明"一词源于拉丁文"civis"，意为"城邦之公民"，其本质含义为公民生活于城邦或社会集团中的能力。在古代宁国，"文明"一词最初见于《尚书》中的"俊哲文明"和《周易》中的"见龙在田，天下文明"，有摆脱黑暗，向往政治开明和社会秩序良好之意。后经引申，文明多指与野蛮、无知和落后相对的一种社会进步状态。根据对国内外有关生态文明资料的学术考证，"生态文明"一词由我国农业学家和生态学家叶谦吉教授于1986年率先提出。

1987年4月23日，叶谦吉教授在《中国环境报》发表《真正的文明时代才刚刚起步——叶谦吉教授呼吁开展生态文明建设》；同年6月，在全国生态农业研讨会上，针对我国生态环境趋于恶化的态势，他呼吁要"大力提倡生态文明建设"。1988年，叶谦吉教授在《生态农业——农业的未来》一书中首次明确地将生态文明定义为：人类既获利于自然，又还利于自然，在改造自然的同时又保护自然，人与自然之间保持和谐统一的关系。学界主流将这一概念的英文表述为"Ecological Civilization"。在西方学界,美国作家莫里森出版的《生态民主》一书,首次提出"Ecological Civilization"概念,并将其作为继工业文明之后一种新的文明形式。

实际上,不管是西方学界,还是国内学界,其对生态文明的建构和探讨,都离不开现实政治的支持和社会的需求。尽管从概念的角度,生态文明源自我国,但是对这一问题的关切,西方国家依然走在前列。继蕾切尔·卡逊《寂静的春天》以及梅多斯《增长的极限》问世之后,有关环境问题引起了西方社会乃至国际社会的关切。在随后的三十余年中,联合国发挥了举足轻重的作用。1972年,联合国在瑞典的斯德哥尔摩召开人类环境会议,发表了《人类环境宣言》,从而将全球环境问题呈现在世人面前。1987年,联合国环境与发展委员会又发表了《我们共同的未来》。进入20世纪90年代,联合国在巴西的里约热内卢召开了"环境与发展大会",大会通过了三个原则性文件,《里约环境与发展宣言》《21世纪议程》《有关森林保护原则的声明》,并将两项国际公约《气候变化框架公约》《生物多样性公约》开放签署。里约环境大会对全球环境保护产生了深远的影响,它不仅设定了全球生态环境保护的规程,而且将生态环境保护的理念传授到世界各国,也包括中国。

二、生态文明概念在我国的发展

经过二十世纪八九十年代联合国在全球环境问题上不遗余力地推介,以及我国在改革开放中经济发展模式对环境造成的问题逐渐凸显,我国政府开始逐渐意识到解决环境问题的重要性。与学界所提出的"生态文明"概念相呼应,早在2002年党的十六大报告中提出的将"生态良好"作为可持续发展一部分的要求,昭示着我国开始推行一些新的生态环境保护概念和理念。2005年,在中央人口资源环境工作座谈会上,"生态文明"作为政府一个重要的使用概念。2007年党的十七大报告进一步提升了"生态文明"的地位,提出"建设生态文明,基本形成节约能源资源和保护生态环境的产业结构、增长方式、消费模式。循环经济形成较大规模,可再生能源比重显著上升。主要污染物排放得到有效控制,生态环境质量明显改善。生态文明观念在全社会牢固树立"。2009年9月,党的十七届四中全会把生态文明建设提升到与经济建设、政治建设、文化建设、社会建设并列的战略高度,作为中国特色社会主义事业总体布局的有机组成部分。2010年10月,党的十七届五中全会提出要把"绿色发展,建设资源节约型、环境友好型社会""提高生态文明水平"作为"十二五"时期的重要战略任务。2011年3月,我国"十二五"规划纲要明确指出,面对日趋强化的资源环境约束,必须增强危机意识,树立绿色、低碳发展理念,以节能减排为重点,健全激励与约束机制,加快构建资源节约、环境友好的生产方式和消费模式,增强可持续发展能力,提高生态文明水平。

2012年11月,党的十八大报告提出,建设生态文明,是关系人民福祉、关乎民族未来的长远大计。面对资源约束趋紧、环境污染严重、生态系统退化的严峻形势,必须树立尊重自然、顺应自然、保护自然的生态文明理念,把生态文明建设放在突出地位,融入经济建设、政治建设、文化建设、社会建设各方面和全过程,努力建设美丽中国,实现中华民族永续发展。这表明生态文明已经不仅成为一个重要和获得普遍认可的概念,而且生态文明建设也上升到国家意志和战略的高度,纳入中国特色社会主义"五位一体"的总体布局。

三、生态文明的内涵

生态文明是指人类遵循人、自然、社会和谐发展这一客观规律而取得的物质与精神成果的总和,是指以人与自然、人与人、人与社会和谐共生、良性循环、全面发展、持续繁荣为基本宗旨的文化伦理形态。生态文明强调人的自觉与自律,强调人与自然环境的相互依存、相互促进、共处共融,既追求人与生态的和谐发展,也追求人与人的和谐发展,并且人与人的和谐是人与自然和谐的前提。可以说,生态文明是人类对传统文明形态特别是工业文明进行深刻反思的成果,是人类文明形态和文明发展理念、道路和模式的重大进步。综合目前学界的观点,生态文明主要包含以下四个方面。

(一)生态文明是人类的一个发展阶段

人类至今已经历了原始文明、农业文明、工业文明三个阶段,在对自身发展与自然关系深刻反思的基础上,人类即将迈入生态文明阶段。第一,在文化价值上,树立符合自然规律的价值需求、规范和目标,使生态意识、生态道德、生态文化成为具有广泛基础的文化意识。第二,在生活方式上,以满足自身需要而又不损害他人需求为目标,践行可持续消费。第三,在社会结构上,生态化渗入社会组织和社会结构的各个方面,追求人与自然的良性循环。

(二)生态文明是社会文明的一个方面

生态文明是继物质文明、精神文明、政治文明之后的第四种文明。物质文明、精神文明、政治文明与生态文明这"四个文明"一起,共同支撑着和谐社会建设。其中,物质文明为和谐社会奠定雄厚的物质保障,政治文明为和谐社会提供良好的社会环境,精神文明为和谐社会提供智力支持,生态文明是现代社会文明体系的基础。生态文明要求改善人与自然的关系,用文明和理智的态度对待自然,反对粗放利用资源,提倡建设和保护生态环境。

(三)生态文明是一种发展理念

生态文明与"野蛮"相对,指的是在工业文明已经取得成果的基础上,用更文明的态度对待自然,拒绝对大自然进行野蛮与粗暴的掠夺,积极建设和认真保护生态环境,改善和优化人与自然的关系,从而实现经济社会可持续发展的长远目标。

(四)生态文明是社会主义的本质属性

生态问题的实质是社会公平问题,受环境灾害影响的群体是更大的社会问题。资本主义的本质使它不可能停止剥削而实现公平,只有社会主义才能真正解决社会公平问题,从而在根本上解决环境公平问题。因此,生态文明是社会主义文明体系的基础,是社会主义基本原则的体现,只有社会主义才会自觉承担起改善与保护全球生态环境的责任。

四、生态公平

生态公平是生态文明的重要理论支点和实现方式。生态公平涉及人与自然和人与社会关系的协调解决。习近平同志指出:"保护生态环境就是保护生产力,改善生态环境就是发展生产力。良好生态环境是最公平的公共产品,是最普惠的民生福祉。"这一科学论断深刻揭示了生态与民生的关系,既阐明了生态环境的公共产品属性及其在改善民生中的重要地位,又对整体提升民生福祉有着根本性意义。

(一)生态公平是构建生态文明的重要理论前提

社会公平和正义是社会主义的本质属性,环境公平作为社会公平的一个重要组成部分,理应成为构建生态文明的制度伦理基础。生态文明的核心是如何协调人与自然的关系。人的社会属性和社会关系影响着人与自然的关系,人的实践是在一定的社会制度伦理中形成的。社会关系的公平性问题影响着人与自然的关系。环境公平讲的是人在面对自然时如何协调自身的行为,如何比较和评定不同主体应对自然的责任所在,这种比较评价系统涉及人的价值的对立和平衡。将环境公平纳入生态文明的系统中,这就深化了人们对人与自然关系的认识,深化了人们对生态文明的制度伦理的认识,进而深化了人们对面对自然如何约束自我利益冲动的认识。

（二）生态公平是构建生态文明的主要任务

1. 构建文明的生活方式

生态文明是当代人进步的生活方式的重要体现，生活方式体现着人对生活的态度，生活方式是由一定的价值观所决定的。在现实生活中，人们常常不加节制地掘取稀缺性资源，以满足自己的需求；随意地破坏自然环境，不尊重自然，将自然当作用之不竭的生活仓库。要真正解决这些不良的生活方式问题，就需要构建一个以生态公平为基础的新生态价值观，并将这种价值观渗透到人们的生活方式中。

2. 解决污染问题

解决污染问题的关键是分清不同的主体在与自然打交道过程中损益度的界定。只有建立环境公平的制约机制，才能够有效遏制生态污染的蔓延。

3. 促进人与自然的可持续发展

生态文明的构建不是要无端地压制人的需求，也不是要求回到原始的天人合一状态，而是要在均衡人与自然的能量交换中，促进人与自然的可持续发展。这就需要构建生态公平机制，在这种公平的机制和框架中，进一步激发人们认识自然的积极性和创造性，激发人们爱护保护自然的积极性和创造性，增强人们面对自然的责任意识和自律意识。

（三）生态公平是构建生态文明的重要目标

马克思主义认为，人的全面自由发展，是人类社会发展的终极目标。社会公平作为人的本质要求，构成了人全面发展的重要内容。人不同于动物，人是社会关系的总和，在社会交往中，人付出与获得能否成正比，人是否能在社会利益的冲突中获得满足，这都取决于社会公平正义的实现。社会公平已经构成了人的本质诉求，维护着人的独立尊严，使每一个人在这个社会上得到公平的对待，这是一个文明社会的基本标志，也是现代人内在的文化心理需求，更是个人追求独立尊严的重要体现。从历史上来看，人们将公平正义作为社会的理想境界，为实现公平正义不惜献出生命，大同世界一直是中国人的理想社会的表达，在现实社会中，公平概念表现着多方面的内容。

第二节 我国生态文明建设

一、生态文明建设在我国的发展历程

生态文明建设就是面对资源约束趋紧、环境污染严重、生态系统退化的严峻形势，树立尊重自然、顺应自然、保护自然的生态文明理念，走可持续发展道路。其实质就是把可持续发展提升到绿色发展高度，为后人"乘凉"而"种树"，不给后人留下遗憾而是留下更多的生态资产。

20世纪90年代始，我国的生态环境问题愈来愈凸显，我国政府也已意识到环境问题的重要性。在联合国环境与发展大会召开之前，1992年3月，国务院发布《国家中长期科学技术发展纲领》多次提到环境污染、生态保护等词语，并指出"生态学的研究着重于系统的协同进化、退化生态系统的机理和优化人工系统的组建等，为改善环境、促进社会发展做贡献"。1994年中国政府率先制定出台了《中国21世纪议程》，坚持走可持续发展之路。1998年，国家环境保护局正式升格为国家环境保护总局，由副部级上升为正部级，成为国务院的直属单位。2005年底，国务院发布《国家中长期科技发展规划纲要》，其中的每一个重点领域及其优先主题都融入"生态保护"理念。2007年，"建设生态文明"被写进了党的十七大报告。2008年，成立了中华人民共和国环境保护部，成为国务院的组成部门，以进一步加强对生态环境的保护和治理。

二、近年来我国生态文明建设取得的成效

生态文明建设是中国特色社会主义事业的重要内容，关系人民福祉，关乎民族未来，事关"两个一百年"奋斗目标和中华民族伟大复兴中国梦的实现。近年来，党中央、国务院高度重视生态文明建设，先后出台了一系列重大决策部署，推动生态文明建设取得了重大进展和积极成效。2012年11月，党的十八大提出，要坚持节约资源和保护环境的基本国策，坚持节约优先、保护优先、自然恢复为主的方针，着力推进绿色发展、循环发展、低碳发展，形成节约资源和保护环境的空间格局、产业结构、生产方式及生活方式，从源头上扭转生态环境恶化趋势，为人民创造良好的生产生活环境，为全球生态安全作出贡献。

党的十八大以来，大力推进生态文明建设，国家贯彻绿色发展理念的自觉性和

主动性显著增强,忽视生态环境保护的状况明显改变。生态文明制度体系加快形成,主体功能区制度逐步健全,国家公园体制试点积极推进。全面节约资源有效推进,能源资源消耗强度大幅下降。重大生态保护和修复工程进展顺利,森林覆盖率持续提高。生态环境治理明显加强,环境状况得到改善。引导应对气候变化国际合作,成为全球生态文明建设的重要参与者、贡献者、引领者。尤其是党和国家提出并实施国家创新驱动发展战略,强调科技创新的核心地位和重要作用,为建设美丽中国制定了一系列新举措,取得了诸多重要成就,推动了生态文明社会的全面建设。

（一）加快污染型企业技术改造

为进一步加强对污染型企业的技术改造,提高对资源的利用效率,减少污染物的排放。2013年12月,环保部会同国家质检总局发布《水泥工业大气污染物排放标准》等三项标准,旨在加快水泥行业的技术改造,大幅降低水泥生产对环境的负面影响。2016年9月,工信部和环保部联合印发《水污染防治重点行业清洁生产技术推行方案》。该方案主要推进造纸、印染等11个重点行业加快技术改造,推动央企实施清洁生产技术改造和升级,降低工业生产对水资源的依赖程度,严格控制并削减水污染物排放总量。

（二）加大环境污染治理力度

在加强环境污染治理方面。2013年9月,国务院颁布和实施《大气污染防治行动计划》,形成有效的大气污染防治新机制,通过科技创新服务大气污染治理,取得了显著成效。据监测数据显示,2015年,全国338个城市可吸入颗粒物（PM10）年均浓度同比下降7.4%;细颗粒物（PM2.5）平均浓度为50微克/立方米,其中,161个可比城市同比下降11.3%。在水资源保护方面,国务院于2015年4月颁布了《水污染防治行动计划》,提出238项具体治理水污染防治措施,其中,重点提出了90项改革创新措施。随后,各地政府以水资源质量考核为抓手,认真抓落实,取得了显著成效。

（三）发展高新科技,打造生态产业

积极推动高新技术企业的发展,打造了一批生态产业,既推动了经济发展,又减少了资源的消耗和污染物的排放,有效协调了经济发展与生态环境之间的矛盾。为了降低经济发展对资源的消耗和减少行业发展对生态环境的负面影响,很多地方加快对低碳科技创新和高新科技项目的不断引进,推动了电子信息产业、高技术服务业、新能源开发利用等行业的发展。有些地方选择将具有示范效应的低碳科技创新项目与传统产业相结合，发展生态农业、生态旅游产业等，既发展了地方经济，又修复了生态环境。有的地方将技术创新与文化产业相结合，加强低碳核心技术、关键技术和共性技术的创新与推广，推动了低碳技术在文化领域的转化应用，如在低碳印刷、传媒影视、网络动漫等领域采用低碳技术装备，提升了文化产业的低碳科技发展水平。

（四）加快和完善生态文明制度建设

保护生态环境必须依靠制度。政府把资源消耗、环境损害、生态效益纳入经济社会发展评价体系，建立了体现生态文明要求的目标体系、考核办法、奖惩机制。2013 年 11 月，《中共中央关于全面深化改革若干重大问题的决定》提出，建设生态文明，必须用制度保护生态环境，探索编制自然资源资产负债表，对领导干部实行自然资源资产离任审计。此外，政府还将建立生态环境损害责任终身追究制。2015 年 5 月，中共中央、国务院印发《关于加快推进生态文明建设的意见》提出，要充分认识加快推进生态文明建设的极端重要性和紧迫性，切实增强责任感和使命感，牢固树立尊重自然、顺应自然、保护自然的理念，坚持绿水青山就是金山银山，动员全党、全社会积极行动、深入持久地推进生态文明建设，加快形成人与自然和谐发展的现代化建设新格局，开创社会主义生态文明新时代。同年 9 月，中共中央、国务院印发《生态文明体制改革总体方案》提出，要为加快建立系统完整的生态文明制度体系，加快推进生态文明建设，增强生态文明体制改革的系统性、整体性、协同性。2016 年 12 月，中共中央办公厅、国务院办公厅印发《关于全面推行河长制的意见》提出，坚持节水优先、空间均衡、系统治理、两手发力，以保护水资源、防治水污改善水环境、修复水生态为主要任务，在全国江河湖泊全面推行河长制，构建责任明确、协调有序、监管严格、保护有力的河湖管理保护机制，为维护河湖健康生命、实现河湖功能永续利用提供制度保障。该意见要求我国境内的每个区域的河湖都要有各级党政主要负责人专门负责，承担相应区域水资源的保护和管理责任。2016 年 12 月，中共中央办公厅、国务院办公厅印发《生态文明建设目标评价考核办法》提出，生态文明建设目标评价考核实行党政同责，地方党委和政府领导成员生态文明建设一岗双责，按照客观公正、科学规范、突出重点、注重实效、奖惩并举的原则进行，以及生态文明建设目标评价考核在资源环境生态领域有关专项考核的基础上综合开展，采取评价和考核相结合的方式，实行年度评价、五年考核。这一系列制度措施的出台与实施，充分表明党和政府正加快推进和完善系统完整的生态文明制度体系的构建。

三、我国生态文明建设未来的主要任务

2017年11月，党的十九大进一步提出，建设生态文明是中华民族永续发展的千年大计。必须树立和践行"绿水青山就是金山银山"的理念，坚持节约资源和保护环境的基本国策，像对待生命一样对待生态环境，统筹山水林田湖草系统治理，实行最严格的生态环境保护制度，形成绿色发展方式和生活方式，坚定走生产发展、生活富裕、生态良好的文明发展道路，建设美丽中国，为人民创造良好的生产生活环境，为全球生态安全作出贡献。十九大强调，我们要建设的现代化是人与自然和谐共生的现代化，既要创造更多物质财富和精神财富以满足人民日益增长的美好生活需要，也要提供更多优质生态产品以满足人民日益增长的优美生态环境需要。必须坚持节约优先、保护优先、自然恢复为主的方针，形成节约资源和保护环境的空间格局、产业结构、生产方式、生活方式，还自然以宁静、和谐、美丽。

（一）推进绿色发展

加快建立绿色生产和消费的法律制度与政策导向，建立健全绿色低碳循环发展的经济体系。构建市场导向的绿色技术创新体系，发展绿色金融，壮大节能环保产业、清洁生产产业、清洁能源产业。推进能源生产和消费革命，构建清洁低碳、安全高效的能源体系。推进资源全面节约和循环利用，实施国家节水行动，降低能耗、物耗，实现生产系统和生活系统循环链接。倡导简约适度、绿色低碳的生活方式，反对奢侈浪费和不合理消费，开展和创建节约型机关、绿色家庭、绿色学校、绿色社区和绿色出行等行动。

（二）着力解决突出环境问题

坚持全民共治、源头防治，持续实施大气污染防治行动，打赢蓝天保卫战。加快水污染防治，实施流域环境和近岸海域综合治理。强化土壤污染管控和修复，加强农业面源污染防治，开展农村人居环境整治行动。加强固体废弃物和垃圾处置。提高污染排放标准，强化排污者责任，健全环保信用评价、信息强制性披露、严惩重罚等制度。构建以政府为主导、以企业为主体、社会组织和公众共同参与的环境治理体系。积极参与全球环境治理，落实减排承诺。

（三）加大生态系统保护力度

实施重要生态系统保护和修复重大工程，优化生态安全屏障体系，构建生态廊道和生物多样性保护网络，提升生态系统的质量和稳定性。完成生态保护红线、永久基本农田、城镇开发边界三条控制线的划定工作。开展国土绿化行动，推进荒漠化、

石漠化、水土流失综合治理，强化湿地保护和恢复，加强地质灾害防治。完善天然林保护制度，扩大退耕还林还草。严格保护耕地，扩大轮作休耕试点，健全耕地草原森林河流湖泊休养生息制度，建立市场化、多元化生态补偿机制。

（四）改革生态环境监管体制

加强对生态文明建设的总体设计和组织领导，设立国有自然资源资产管理和自然生态监管机构，完善生态环境管理制度，统一行使全民所有自然资源资产所有者职责，统一行使所有国土空间用途管制和生态保护修复职责，统一行使监管城乡各类污染排放和行政执法职责。构建国土空间开发保护制度，完善主体功能区配套政策，建立以国家公园为主体的自然保护地体系。坚决制止和惩处破坏生态环境行为。

第三节 农村生态文明建设

生态文明意味着人类在处理人与自然、个人与社会的关系方面达到了一个更高的文明程度。党的十九大提出，坚持农业农村优先发展，按照"产业兴旺、生态宜居、乡风文明、治理有效、生活富裕"的总要求实施乡村振兴战略，对农村生态文明建设赋予新的要求。

一、农村生态文明概述

（一）农村生态文明

2005年10月，党的十六届五中全会通过《中共中央关于制定国民经济和社会发展第十一个五年规划的建议》，提出要按照"生产发展、生活宽裕、乡风文明、村容整洁、管理民主"的要求，扎实稳步推进新农村建设。2007年10月，党的十七大报告提出，要深入落实科学发展观，必须坚持全面协调可持续发展。要按照中国特色社会主义事业总体布局，全面推进经济建设、政治建设、文化建设、社会建设，促进现代化建设各个环节、各个方面相协调，促进生产关系与生产力、上层建筑与经济基础相协调。坚持生产发展、生活富裕、生态良好的文明发展道路，建设资源节约型、环境友好型社会，实现速度和结构质量效益相统一、经济发展与人口资源环境相协调，使人民在良好生态环境中生产生活，实现经济社会永续发展。2012年11月，党的十八大提出，全面落实经济建设、政治建设、文化建设、社会建设、生态文明建设五位一体总体布局，促进现代化建设各方面相协调，促进生产关系与生产力、上层建筑与经济基础相协调，不断开拓生产发展、生活富裕、生态良好的文明发展道路。2017年10月，党的十九大强调，必须树立和践行绿水青山就是金山银山的理念，坚持节约资源和保护环境的基本国策，像对待生命一样对待生态环境，统筹山水林田湖草系统治理，实行最严格的生态环境保护制度，形成绿色发展方式和生活方式，坚定走生产发展、生活富裕、生态良好的文明发展道路。同时，必须始终把解决好"三农"问题作为全党工作的重中之重，坚持农业农村优先发展，按照"产业兴旺、生态宜居、乡风文明、治理有效、生活富裕"的总要求，建立健全城乡融合发展体制机制和政策体系，加快推进农业农村现代化，充分彰显了农村发展对生态文明建设举足轻重的作用。

我国是一个农业大国，农村生态文明建设进程关系到整个国家的生态文明建设。因此，建设生态文明的首要任务就是要加强农村生态文明建设。生态文明包含丰富深刻的内容，其包括科学的生态发展意识、健康有序的生态运行机制、和谐的生态发展环境，全面、协调、可持续发展的态势，经济、社会、生态的良性循环发展以及由此保障的人和社会的全面发展。农村生态文明主要是指自然生态环境与农村的关系，良性的生态环境要促进农村的发展，在农村农业生产中要着力形成和谐、良性、可持续的发展势头。

（二）农村生态文明建设的内容

按照生态文明的应有题义，农村生态文明建设必须实现社会生产方式、生活方式特别是人的思维观念的生态化转变，创造经济社会与资源、环境相协调的可持续发展模式，建设经济活动与生态环境有机共生、人与自然和谐相融的文明农村。具体应包括以下几个方面。

（1）加强农民组织建设，促进小农户之间的联合，以扩大生产经营规模、提高风险承担能力；通过引导、培训等方式来加强组织的自身能力建设，提高其市场竞争力；加大对生态农业的扶持力度。例如，对从事生态农业种植、加工的经营者给予财政贴息、资金补贴等，对通过认证的生态食品基地退还认证费用等；加大生态食品的宣传力度，让生态食品得到消费者的认可，从而提高农民的经济效益。

（2）以广泛调查与基层实践（如试点建设、生态农业试验等）为基础，摸索在经济、技术上可行且符合农村实际情况与农民需求的生态文明建设模式。要避免"用政府的思维办农民的事""用城市的思维办农村的事"，如政府未广泛征求农民意见和直接沿用城市的环境治理技术解决农村环境问题等。

（3）逐步建立农村生态环境保护财政支出不断增长的长效机制。加大对农村地区生态环境保护、基础设施建设、技术支撑体系、生态补偿、宣传教育等方面的投入力度；转变以往的补贴方式。政府应将财政支持的重点，从用于治理污染转为支持使用农家肥、低排放的"有机小农"，支持循环农业，以恢复农业有机生产的外部激励机制，发挥传统"有机小农"的成本优势和生态优势。

（4）以填补立法空白为突破口，建立健全农村环境保护监管体制。在此基础上明确各部门权责，促进部门间形成合力以推进环保工作。同时，把农村环境保护和综合整治情况作为领导干部政绩考核的重要内容和干部提拔任用的重要依据，充分发挥其对政绩考核、干部任用的杠杆和导向作用，推动各级干部自觉重视并抓好农村环保工作，以此来促进地方领导政绩观、发展观的转变。

（三）实施乡村振兴战略背景农村生态文明建设的主要内容

2017年10月，党的十九大提出，农业农村农民问题是关系国计民生的根本性问题，必须始终把解决好"三农"问题作为全党工作的重中之重，必须树立和践行绿水青山就是金山银山的理念，坚持节约资源和保护环境的基本国策，像对待生命一样对待生态环境，统筹山水林田湖草系统治理，实行最严格的生态环境保护制度，形成绿色发展方式和生活方式，坚定走生产发展、生活富裕、生态良好的文明发展道路，建设美丽中国，为人民创造良好生产生活环境，为全球生态安全作出贡献。尤其是提出实施乡村振兴战略，要坚持农业农村优先发展，按照产业兴旺、生态宜居、乡风文明、治理有效、生活富裕的总要求，建立健全城乡融合发展体制机制和政策体系，加快推进农业农村现代化。党在新的历史阶段提出的新的发展理论确立了农村建设的新目标，表明全面建设社会主义新农村不仅要发展物质文明、精神文明和政治文明，而且要建设农村生态文明。

因此，在实施乡村振兴的战略背景下，加强农村生态文明建设，首先要考虑在生态文明理念下加强农村建设，把人与自然的关系纳入经济社会发展目标中来统一考虑，将资源的接续能力和生态环境的容量作为经济建设的重要依据，推动农村经济社会发展与资源节约环境友好相互推动、相互协调。其次要建立"资源节约型、环境友好型"的现代农业生产方式、生活方式和消费方式，让生态文明的观念落实到农村的企业、家庭和个人。最后要建设良好的农村人口居住生态环境，提升农村和农业的可持续发展能力，转变农业发展方式，优化农业结构，实现农业的优质高产和生态安全的总体目标，走出一条有中国特色的农业现代化道路和城乡经济社会融合发展道路。

二、加强农村生态文明建设的意义

当前，我国经济已由高速增长阶段转向高质量发展阶段，正处在转变发展方式、优化经济结构、转换增长动力的攻关期，必须在继续推动发展的基础上，着力解决好发展不平衡、不充分的问题，大力提升发展质量和效益，更好地满足人民在经济、政治、文化、社会、生态等方面日益增长的需要，更好推动人的全面发展、社会全面进步。加强农村生态文明建设，对于建设美丽中国，为人民创造良好生产生活环境，决胜全面建成小康社会，夺取新时代中国特色社会主义伟大胜利具有重大现实意义和深远历史意义。

（一）为改善和保障民生、维护农民环境权益提供了实现途径

我国是一个农业大国，近年来，由于工业化、城镇化的高速发展，城市和工业的污染向农村转移，城乡二元体制使有限的环保资源主要被配置在城市、工业，形成环境保护和治理上的城乡二元结构，全国4万多个乡镇绝大多数没有环境保护的基础设施，60多万个行政村绝大多数没有条件治理环境污染，加之农业发展方式依然粗放，耕地大量减少，人口资源环境约束增强，气候变化影响加剧，自然灾害频发，致使我国广大农村生活污染、水源污染，水土流失、土地沙化、生态功能退化等环境恶化。全国尚有2.5亿农村居民喝不上干净的水，农村因为环境污染和生态破坏引发的投诉和群体性事件呈上升趋势。广大农民的环境权益受到侵害，严重有悖于"以人为本"和"城乡居民基本公共服务均等化"的要求。加强农村生态文明建设，为维护农民的环境权益，用统筹城乡的思路和办法来改变农村包括环境治理和保护在内的社会公用事业发展滞后状况，统筹土地利用和城乡规划，合理安排农田保护、村落分布、生态涵养等空间布局，为实现城乡经济社会融合发展提供实现途径。

（二）为破解凸显的食品安全问题找到了出路

国以民为本，民以食为天。农村生态文明建设不仅关系到农村的发展，而且直接关系到城市和全社会的发展。不保护好农村生态环境，最终受伤害的不仅是农民，更是全社会所有成员。在我国广大农村，每年产生的90多亿吨污水任意排放，2.8亿吨生活垃圾随便倾倒。日益凸显的食品安全问题要想得到根本的解决，就必须从源头抓起。加强农村生态文明建设，就是要转变传统农业生产方式，建设"资源节约型、环境友好型"现代农业生产体系，以农村生态环境保护为核心，以节地、节水、节肥、节能等提高资源的利用效率为重点，通过建设农村"清洁田园、清洁家园、清洁水源"，保证城乡居民的"菜篮子""米袋子"和"水缸子"安全，保证城乡

居民拥有干净的水、清新的空气和健康的食品。

（三）为实现农业可持续发展创造了条件

加快推进农业农村现代化，必须大力发展节约型农业、循环农业、生态农业，加强农村生态环境保护；必须延长天然林保护工程实施期限，巩固退耕还林成果，推进退牧还草，开展植树造林，恢复草原生态植被，提高森林覆盖率；必须强化水资源保护推动重点流域和区域水土流失综合防治，加快沙漠化治理，加强自然保护区建设，多渠道地筹集森林、草原、水土保护等农村生态效益补偿资金；必须推进农林副产品和废弃物能源化、资源化利用，推广农业节能减排技术，加强农村工业、生活污染和农村水源污染防治。因此，加强农村生态文明建设，只有坚持"经济生态化、生态经济化"的发展方针，才能实现我国农业的可持续发展和人与自然的和谐发展。

（四）全面建成小康社会的重要途径

当前，农村已然是我国全面建成小康社会进程中的短板，只有加快推进农村生态文明建设，引导农民树立正确的生态观，和谐发展、可持续发展的科学理念，摒弃非环保、不科学的生产生活方式，才能使农村土地资源、水资源、生物资源等得到基本的保护，才能为农村发展留下充足空间。随着经济社会的发展，人们已深刻认识到，生态环境与生产力的发展密切相关，保护和改善生态环境就是发展生产力。与先污染后治理、先破坏后保护的传统思路相比，生态文明建设为人们开辟出一条绿色发展新路，有利于实现"人—自然资源环境—农业"的良性互动。实现全面建成小康社会，必须切实保护生态环境，促进人与自然和谐发展，进而推动农村经济社会发展以及农村全面建成小康社会目标的实现。

三、农村生态文明建设存在的主要问题

（一）对农村生态发展问题的总体战略性定位缺失

中华人民共和国成立以后，大规模开展工业化建设，农村为城市和工业发展提供了大量原料，而社会管理的城乡二元化结构也逐步形成。改革开放以来，农村经济社会整体得到快速发展，但在工业化和市场化的刺激下资源过度开发、过量使用农药化肥、乡镇企业无规则排污和城市污染向农村的转移等导致农村生态环境的急剧恶化。这种"以牺牲结构和资源为代价换取发展"的模式导致农村陷入"发展不足与保护不够"的尴尬境遇。这不仅反映了工业化时代背景下农村生产生活方式的社会转型困境，而且反映了国家对农村生态发展问题的总体战略性定位缺失。

农村有不同于城市的生态系统和功能定位。农业的自然属性和农村的散居式生产方式不利于采用城市的管理手段，盲目地模仿工业化发展模式，激进地推动城镇化建设，使农村在摧毁其已有生产生活方式的同时，新的生产生活方式还没有形成，反而导致农村的不稳定性因素扩散。而城乡一体化建设中市场和公共服务体系发展的滞后，更加剧了城乡之间同物不同价、同事不同办的差异。蔓延式的小城镇建设，由于违背市场经济规律、以行政命令操作，致使耕地大量被吞噬，垃圾污染快速向农村转移，相应的环境基础设施和队伍保障缺失，无论是城镇还是农村，环境都会迅速恶化。因此，不切实际的一体化和单纯的集聚化不能从根本上解决农村生态问题。究其原因，一方面是长期以来已经形成的经济、社会结构性问题、资源禀赋问题的全面爆发；另一方面也反映了在国家总体发展规划和制度设计上，城市和农村、工业和农业、市民与村民之间利益分配的失衡，使农村的资源开发利用、环境保护和社会建设都处于弱势地位。

（二）农业生产模式制约与基础设施建设及科技支撑投入不足

首先，超小农生产模式是我国农业污染的一个重要原因。目前，广大农村地区以数量庞大、高度分散、生产规模细小为特征的超小农生产模式，不但对生态环境产生负面影响，而且制约着生态农业的发展。作为农业生产主体，小农户在三十年来的市场化进程中，其经济活动的自主性增强。但作为农业污染主体，由于缺乏技术指导、法律规范等原因，其行为受到的约束性减弱。这是造成中国农村污染问题的原因之一。为实现有限资源下的成本最小和产出最大，小农户普遍采取大量使用化肥、农药而不是有机化肥、生物防治等方法来提高单位面积产量和抵御病虫害。同时，技术服务体系不完善、法治不健全等因素，造成化肥施用不科学、利用率低，农药使用剂量大、毒性高等问题。此外，随着不可降解塑料农膜的大范围使用，农村土壤结构的破坏也越发严重。这些都使农产品质量下降、土地肥力降低、农业水源污染问题突出。

其次，农村基础设施建设投入严重不足导致农村环境污染问题突出。长期以来，城镇地区的交通、能源、供水、排污、教育、医疗卫生等基础设施建设以及生态环境保护等方面的投入基本由国家财政支付，但是对地广人多的农村地区，投入却十分有限。同时，有限的资金又分散于多个部门，再加上地方政府配套能力不足，使投入的资金更显匮乏且使用效率低下。目前，很多城市的生活垃圾处理系统、生活污水排放管网已经建成并日趋完善，而广大农村的公共卫生设施却极端缺乏，环境卫生状况处于无管理或半管理状态。当前，农村地区生产、生活污水的排放量，垃圾的数量和种类都在迅速增长，落后的基础设施与日益加大的污染负荷之间的矛盾正日益突出。

最后，缺乏面向农村地区生态经济系统的科技支撑体系。农村地区生态经济系统的科技支撑体系，主要是指农业生产和废弃物处理等方面的技术供给与服务体系。这是连接生态系统和经济系统的中介，对人与自然和谐发挥着重要作用。但是，当前适用于农村的技术支撑体系存在着不同程度的缺失，相关技术的供给无法满足农民的需求。在农业生产技术的研发环节，科研人员的研究方向与农民实际需求相脱节，或没有考虑农民对技术的接受能力，使研究成果难以应用，影响了农业生产技术的进步；在技术推广环节，缺乏针对小农户分散经营方式的农业技术服务体系，加上政府投入不足，导致基层农技人员下乡积极性较低，使农村技术服务体系的供给严重不足；在农村废弃物处理环节，缺少优惠政策、资金投入及社会关注，致使农村环保适用技术的开发和推广薄弱。目前，农村普遍缺乏农村生活垃圾的资源化利用、秸秆综合利用、畜禽粪便综合利用、污染土壤修复等技术，尤其缺少投入、运行费用低、操作维护简便的生活污水处理技术。

（三）农村环保法治体系建设滞后

2008年以来，国家高度重视农村环境污染防治和节能减排，修订《水污染防治法》等法律，制定出台了《基本农田保护条例》《秸秆焚烧和综合利用办法》等法规条例，国家《环境保护法》也正在修订，很多学者提出其中增加农村环境保护的相关内容。但从总体上来看，这些法律从数量和内容上来说距离生态文明建设的实际需要还有很大差距。

第一，生态安全保障性法规立法滞后，表现为数量滞后和质量滞后。数量上，除国家相关政策外，在法律法规中极少对农村生态文明建设事项作出明确规定。质量上，对农村生态文明建设作出规定的纲领性法律法规没有出台，而相关法规也存在"碎片化"情况，农业法、农村经济行政法规比较多，但符合生态文明理念和市场经济要求的法规极少，关于农产品绿色流通、居民生活环境保护、农民权益保障的法律法规欠缺。生态文明建设相关法规修订滞后，难以满足不断深化生态文明建设的需要。

第二，在主客观因素影响下，生态执法能力建设不足。农村地域广阔，村民生产和生活区域分散，导致在执法过程中普遍存在取证难、认定难的问题；基层执法的设施设备落后，执法主体人员少、依法办事观念薄弱、素质不高，影响执法质量和效率；立法不足，使执行中自由裁量空间太大，导致法规执行随意性强，对违法企业的处罚力度、执法力度不足，个别地方甚至执法犯法，降低了法律法规的权威性和实际执法的效果。

（四）农村资源环境管理机制体制不健全

随着城乡收入差距日益拉大，增加农民收入成为农村发展的第一要务，因此，为了一时的经济增量而牺牲环境的行为在各地农村极为普遍。同时，受城市工业化高耗能高收益发展方式的影响，许多农村居民对生态问题的理解还处于无意识状态。在此背景下，生态文明的美好未来还不足以激励广大村民约束自己的行为，切实可行的管理制度才是推动生态文明建设的必要手段。较之城市环境治理成效的凸显，农村环境没有大的改变，其中一个重要原因是当前农村资源环境管理体制难以满足实际需求，规划、管理、治理制度未能跟上生态文明建设的进程。

第一，管理体制薄弱。在国家层面，虽然有环保、林业、农业等职能部门积极推进农村生态文明建设，但并未形成综合性决策管理机构，导致各项生态建设政策缺乏统一部署和推进，而基层乡镇规模大小不一，特别是在经济欠发达地区，受经费、人员等影响，关于生态文明建设的职能定位不清，并明显存在监管力量不足的问题。以环保系统为例，在省、市、县三级已经全面设立环保专职机关，在乡一级却未设立专门的环保部门或配备专职工作人员，且设备落后，不利于监管职责的发挥。

第二，组织实施的机制分散。就农村环境治理单项工作而言，发改委支农项目重点支持农业和农村基础设施建设、农村社会事业；农业部开展测土配方施肥、户用沼气、农业综合开发项目；水利部开展农村饮水安全工程；卫计委推行农村改水改厕项目等。由于这些项目都是按照部门职责归口组织实施，因此，在管理上就形成了多个部门"齐抓共管"的模式。这一模式的优势是有利于发挥各部门在农村改革和生态文明建设中的作用，但容易导致重复建设、重复投资和监管空白、激励空白。

第三，缺乏长效资金投入机制。农村的生态文明建设，不仅要下大力气进行农业产业结构调整，而且需要加强农村基础设施等建设，通过保障资金投入来进行农村生态环境的综合治理。目前，在我国农村基层政府普遍财力紧张、农民收入不高的情况下，不可能要求农民将"生计资本"投入生态建设中，因此，仅仅依靠基层和农民自给自足式发展是明显不足的。

（五）农村居民生态环境保护意识淡薄

工业化、城市化和农业现代化是中华人民共和国成立以来的基本发展战略。到二十世纪七十年代，环境保护才被提上政府议程，二十世纪八十年代环境保护成为基本国策，二十世纪九十年代开始实施可持续发展战略，21世纪开始实施生态文明战略。但是战略设计与实际执行之间仍然存在较大的距离,其中一个原因就是人们的观念和利益取向没有根本转型。

第一,一些基层政府的政绩观错位,特别是经济发展相对落后的西部地区,仍然将GDP增长、财税收入等放在更为重要的位置,为追求经济增长速度而不考虑生态环境质量的现象仍然突出。

第二,农村地区受教育程度和经济发展水平较低,导致包括部分基层领导干部在内的广大居民环境意识不强,缺乏生态文明认识,对生态破坏和环境污染的潜在危害缺乏了解或者根本不了解。如生活垃圾随意丢弃与焚烧、生活污水随意排入水渠和沟渠,造成土壤和地下水二次污染;部分地区滥砍滥伐、毁林毁草开荒等现象屡禁不止等。

第三,农村居民对自己在生态建设中的主体地位不明确,从众心理强,主体意识、自主意识较弱。村民大都一味地将经济增长和收入提高作为其生活良好的主要标志。尤其是小农经济的生产方式决定了村民在小农意识中的保守、分散、缺乏凝聚力、缺乏公共精神等特点,由此引发了一些破坏生态环境的行为。例如,为了追求土地高产,大量使用化肥和农药而破坏土壤平衡度,大量使用地膜并留有残余使土壤丧失自我调节恢复能力;部分地区农民在收获季节,不顾各地出台的禁止焚烧秸秆等措施与办法,为减少麻烦,趁无人监管的午间或夜间大量焚烧秸秆,对当地空气质量及耕地土地造成极大破坏等。

四、农村生态文明建设的方向

基于我国农村的现实处境,我国农村的生态文明发展应着力突出环境问题,加大生态环境保护力度,改革生态环境监管体制,推动绿色发展,走效益型的发展道路,将绿色产业作为农村经济的发展方向。

(一)发展理念方面

建设生态文明是人类社会行为模式的一次深刻变革,必须转变和更新思想观念。习近平同志指出:"把生态文明建设融入经济、政治、文化、社会建设各方面和全过程,协同推进新型工业化、城镇化、信息化、农业现代化和绿色化。"绿色化是以习近平同志为核心的党中央继"四化同步"战略以后确立的新的发展战略,并由此一并成为统筹经济社会和生态系统协调发展的"五化协同"战略。从实践层面看,绿色化是"五位一体"中国特色社会主义建设事业总布局重要组成的生态文明建设治国理念的具体化、可操作化。

换而言之,绿色化是建设生态文明的重要路径、方法和手段。因此,必须把绿色化内化为农村生态文明建设的重要路径和重要抓手,来大力发展绿色产业和绿色经济为引领,以实质创新、应用和推广一批绿色核心技术为突破口,来大力发展生态农业,全面构筑现代绿色农业产业发展新体系。目前,在城市和农村中"重经济轻环境、重速度轻效益、重局部轻整体、重当前轻长远、重利益轻民生"的问题仍然存在,甚至不惜以牺牲生态环境为代价片面地追求GDP的高速增长。因此,要在各级领导干部和广大群众中要深入开展科学发展观和生态文明理念教育,尤其要把生态道德纳入社会运行的公序良俗,切实转变农村中各种不符合科学发展观和生态文明要求的思想观念、发展方式和陈旧习惯。

(二)资源循环利用方面

2016年8月,农业部、国家发展改革委等六部委印发《关于推进农业废弃物资源化利用试点的方案》提出,农业废弃物的资源化利用是农村环境治理的重要内容。该方案强调要围绕解决农村环境脏乱差等突出问题,聚焦畜禽粪污、病死畜禽、农作物秸秆、废旧农膜及废弃农药包装物等五类废弃物,以就地消纳、能量循环、综合利用为主线,采取政府支持、市场运作、社会参与、分步实施的方式,注重县乡村企联动、建管运行结合,着力探索构建农业废弃物资源化利用的有效治理模式。该方案提出力争到2020年,试点县规模养殖场配套建设粪污处理设施比例达80%左右,畜禽粪污基本资源化利用;病死畜禽基本实现无害化处理;秸秆综合利用率达到85%以上;当季农膜回收和综合利用率达到80%以上;废弃农药包装物有效回收利用。通过试点,形成可复制、可推广、可持续的模式和机制,辐射引领各地加快改善农村人居环境,建设美丽宜居乡村。

据农业部、环保部估算,全国每年产生畜禽粪污38亿吨,综合利用率不到60%;每年生猪病死淘汰量约6000万头,集中的专业无害化处理比例不高;每年产生秸秆近9亿吨,未利用的约2亿吨;每年使用农膜200多万吨,当季回收率不足2/3。这些未实现资源化利用无害化处理的农业废弃物量大面广、乱堆乱放、随意焚烧,给城乡生态环境造成严重影响。但这些废弃物既是造成面源污染的源头,又是农业生态系统的重要养分来源。只有放错了位置的资源,没有不可利用的垃圾。通过秸秆还田、生物质发电、发展沼气等方式,大量废弃物都可以变为有机肥料和生物质能源,实现废弃物减量化、无害化、资源化,创造经济价值、环境价值和民生价值。政府应加强政策扶持和引导,鼓励农民使用有机肥,逐步减少化肥使用量;鼓励运用生物技术防治病虫害,减少农药使用量;鼓励废弃物再利用,减少环境污染。这些方面各地已有成熟的经验、做法,应当认真总结,积极推广。

（三）科技创新与应用方面

（1）有机肥料生产和使用技术的突破。未来，我国农业如果增产，化肥仍然不可或缺，但要逐渐减少用量。重点围绕全国36.6亿吨有机肥资源（农作物秸秆、绿肥、规模化养殖场畜禽粪便和农家肥）的转化利用，组织科研力量攻关，力求在配套技术和设备上有重大突破。

（2）良种培育技术的突破。保护地方特有品种，加强对野生资源的驯化和新品种的培育，不断开发出丰产性好、抗逆性强、适应性广、品质优良的新品种。

（3）新型肥料的开发。针对不同农作物、不同栽培方式，专门研制叶面肥、微量元素肥料、氨基酸肥料、缓控释肥等各种新型肥料，增产增效，减少污染。

（4）生物农药研制技术的突破。随着化学农药的普及，我国传统土农药使用逐渐减少。实际上，土农药采用现代技术开发，不仅灭虫效果好，而且无药害。

（5）污染修复技术的突破。为有效防治环境污染，近年来，国内外研制了一系列污染修复技术，包括植物修复、微生物修复、物理修复、化学修复、生物工程修复技术或兼而有之的复合型修复技术。这些技术在一定区域内试验、应用，虽然都取得了较好的成效，但目前还没有一种修复技术可以治理各种类型的环境污染。

（四）总体布局与政策法规倾斜方面

目前，我国18亿亩耕地的农区承担着几乎全部粮棉油的生产任务，所产粮食的40%又要被用来饲养畜禽，而大片山区、草原的开发利用则很不充分，发展草产业、木本粮油产业潜力很大。对此，一些专家学者呼吁通过"种草养畜，粮草并举，建设大农业"来解决"人畜争粮"矛盾，从而实现农区、山区、草原平衡协调发展。这一倡议符合我国实际，应当认真研究、规划、实施，由只注重18亿亩农区的"小农业"转变为面向包括山区、牧区、农区在内的100亿亩农用地的"大农业"。

改革开放以来，我国经济社会事业快速发展，成就辉煌。相比之下，城市快于农村、工业快于农业，农业农村发展相对滞后。党中央及时作出了工业反哺农业、城市带动农村、推进城乡一体化的战略决策。在整个扶农强农的政策倾斜中，需要重点支持生态化现代农业农村建设，加快"石油农业"向"生态农业"转化，特别应当加大对农业废弃物综合开发利用、循环农业和绿色有机农业发展以及面源污染治理的扶持力度。尤其是在政绩考核方面，要按照建设生态化现代农业农村要求，修订单纯考核经济指标、忽视生态环境和社会民生指标的考评标准、办法，加大经济发展质量、生态环境、社会和谐、民生改善方面的权重，使政绩考核对农业农村又好又快地发展起到引领、导向、保障作用。

第四节　农村生态文明建设路径选择

实施乡村振兴战略，就是要坚持农业农村优先发展，按照"产业兴旺、生态宜居、乡风文明、治理有效、生活富裕"的总要求，建立健全城乡融合发展体制机制和政策体系，加快推进农业农村现代化。农村生态文明建设是国家生态文明建设的一个重要组成部分，与城市及其他领域的生态文明建设构成一个完整的建设体系。因此，政府作为农村生态文明建设的主导者，应站在全局高度，严格遵循农村发展规律，按照公平公正的原则，在优先保护自然生态环境的基础上，将生态文明理念融入农村政治、经济、文化和社会制度的建设和优化过程中去，推动农业生产、农民生活、农村生态协调发展，实现城乡共同发展。

一、完善顶层设计，统筹规划农村生态发展

所谓顶层设计，就是指政府按照农村生态文明建设的目标，从国家整体发展高度出发，对农村未来发展作出的总体构想和战略设计。

（一）立足总体战略，确立农村生态文明建设目标

党的十九大提出，从现在到2020年，是全面建成小康社会决胜期。各地政府要按照全面建成小康社会各项要求，统筹推进经济建设、政治建设、文化建设、社会建设、生态文明建设，实施乡村振兴战略，按照"产业兴旺、生态宜居、乡风文明、治理有效、生活富裕"的总要求，建立健全城乡融合发展体制机制和政策体系，加快推进农业农村现代化。因此，农村生态文明建设也必须按照这一指导思想，确立正确的建设目标，保证经济、社会、自然与人的协调发展。坚持生态文明发展理念，实现农业农村现代化，就是要实现经济社会的生态化和生态环境的人文化。"经济社会生态化和生态环境人文化"是生态文明建设的理想目标和方式，"经济社会生态化"促使现有的产业结构、技术、组织、消费和社会向低碳、环保转变，是一种适应性转型；"生态环境人文化"则更为贴合农村产业和功能定位。农村生态文明不是工业化背景下的现代化，应发展绿色农业优势和地球生态屏障的功能，按照生态环境空间的特征，将生产生活环境与自然高度融合，以换取大自然与人文化的生态发展回报。

（二）注重生态公平，促进农村生态文明建设可持续发展

生态公平是生态文明的重要理论支点和实现方式，其涉及人与自然和人与社会

关系的协调解决。从根本上说，生态公平就是人类在利用、保护自然资源方面承担着共同的责任。主体对于自然的开发和补偿应是对等的，谁在资源共享上获益多，谁对自然资源保护责任也越大。在人类实践活动中，由于人的实践方式和效能的不同，对自然界产生的影响也不同，从不同的实践行为的差别和效能出发，来构建生态补偿机制，这是构建生态公平的基础性工作。因此，加强农村生态文明建设，国家要构建生态公平的产业补偿和地区补偿机制，不同的产业对自然的利用、保持及获益程度是不同的。农村生态文明建设不仅要缩小城乡公共服务差距，提高农村居民生活质量，让农村分享城市和工业带来的有益成果，而且应避免城乡"生态环境保护的二元化"，公平对待城乡资源开发利用与环境保护问题。按照农业和农村的特点和发展规律，通过经济、政治、社会、技术和文化等现代元素与传统农村文化的整合，形成有利于农村经济与生态可持续化的体制、机制和法制。

（三）科学决策和规划，保证农村生态文明建设的科学化

现代社会发展日新月异，绿色技术、绿色产业发展相继迸发，越来越成为反映一国核心竞争力强弱的重要标志性因素甚至是制约性因素，也必然成为反映一国、一个民族综合国力大小、生产力发展水平高低的重要因素。

习近平同志指出："生态文明建设事关中华民族永续发展和'两个一百年'奋斗目标的实现，保护生态环境就是保护生产力，改善生态环境就是发展生产力。"千百年来，人类社会过分地强调人类自我改造自然及征服自然的能力，却忽略了自然生产力的力量。因此，加强农村生态文明建设，必须克服盲目性和随意性，按照生态文明建设要求，国家总体部署农村资源环境和发展规划。

一是划定生态红线，尽快制定科学合理的国土资源开发保护制度，明确城乡资源的开发利用和保护强度，运用市场机制推动实现城乡资源同价交易；开放人口流动机制，实现农村人口与环境承载力之间的平衡；合理设计城乡发展规划和格局，科学推动城镇化建设。在此基础上，各级政府要根据当地农村硬件基础，合理规划种植养殖区、乡村产业区、农民居住区，促使农村资源能源有效循环。

二是完善生态规划制度，完善国家生态宏观战略性指导意见，鼓励地方特色化发展，科学审核地方生态发展规划，监督规划执行情况，并及时将规划内容上升为法律法规和制度，从而保证规划的延续性和有效性。各地政府可以根据当地农村特色发展优势产业，打造地域性生态产品及品牌。

三是建立政府科学决策和评价制度，形成正确的发展观和政绩观，积极推动公众参与生态文明建设，建立重大问题集体决策制度以及建立专家咨询和社会听证等制度。

二、推进农村法制建设，完善农村生态环境保护监管和治理体系

农村生态文明建设离不开有效保护监管和长期治理，构建保护监管和治理体系是保证农村生态文明建设的根本所在。

（一）建立完整的农村生态文明建设相关法律法规体系

按照公平公正的原则，国家制定统一的《自然资源保护法》，补充修订《环境保护法》，明确界定城乡资源产权和环境保护制度，强化《农业法》等法律中关于防治农业生态环境破坏的措施。国家各部门应梳理各类与农村发展相关的政策法规，剔除不符合国家生态文明要求和不适应农村生态文明建设的规定，制定统一的农村生态文明建设条例，引导发展生态农业、保护资源环境、普及生态教育等。

各级地方政府及相关机构应在各类政策、措施、办法制定过程中融入生态环境保护理念。促进农村经济发展的前提必须是对农村生态环境的保护，只有如此才能保证农村经济的健康可持续发展。

（二）建立高效能的行政执法和监督机制

加强执法队伍建设是提高执法能力的首要条件，要按照农村居住特征，配备流动或固定的行政执法和公共服务机构和人员，加强基层执法设施设备。细化执法标准和程序，提高执法权威性。健全农村生态环境监管制度，扩大监管范围，加大监测检查频率，加大监管队伍的执法力度，真正做到防患于未然。同时，要完善执法监督机制。公众监督、行政监督和司法监督是建设生态文明的重要监督途径。农村生态文明建设需要严格司法形成强大的生态法律的社会威慑力，推动执法的公平正义。

（三）完善农村生态文明建设治理体系

围绕中央提出的"完善党委领导、政府负责、社会协同、公众参与的社会管理格局"，地方政府应强化行政的公共服务职能，发挥基层自治组织、协会等社会主体作用，完善农村生态文明建设治理体系。

一是完善行政管理体制机制。按照生态文明的要求，行政部门应以社会公共利益维护者的身份，为广大农村居民提供便利的公共服务，并依法履行监督管理和行政执法职责。在国家层面，要在厘清职责的基础上建立推动农村生态文明建设的协调机制，将各部门的生态投资和配套措施集中投放，充分发挥部门"齐抓共管"的合力。在基层组织机构建设上，采用行政和自治相结合的方式，建立县、乡镇、村和村小组四级生态环保工作机构和人员配置，推动农村资源和生态建设目标的实现。

二是提升资源环境管理和保护能力，构建双向的实施机制。在相对传统和封闭的

农村地区，要通过自上而下的资源环境管理制度将科学发展理念和现代管理方式传播进去，有效遏制生态破坏行为；同时，要构建自下而上的居民自治为主的管理制度，通过发挥市场的激励作用，推进生态文明建设。

三是建立生态建设的长效投入机制。农村生态文明建设能否长久保持，在很大程度上取决于是否形成了由政府和社会各方共同参与的长效投入机制。国家加大农村生态投入力度，不仅是建设生态文明的要求，而且也是城乡公平发展的重要内容。因此，科学地制定资金投入标准，固定国家财政投入、省级财政补贴、地方配套和农民自筹，并通过吸引社会和其他组织融资、贷款等方式，以直接的资金投入机制、间接的生态技术支持为农村生态文明建设谋取长效发展之道。

三、加大农村环境保护基础设施建设力度

（一）加大农村环境保护基础设施建设力度

农村环境保护基础设施建设是农村生态文明建设的基石。第一，政府要进一步加大农村环境保护基础设施建设的资金投入力度，加强监管，让政府资金真正用于农村环境保护基础设施建设。第二，扩宽融资渠道，引入社会资本进入农村环境保护基础设施建设，尤其是吸纳农村当地的厂矿企业资金进入其中。第三，地方政府应给予农村环境保护基础设施制定一定的优惠政策和措施，同时对在生产生活过程中主动修建污水处理、废气处理、垃圾回收处理等基础设施的农村集体、农村厂矿企业等，在一定条件下给予补偿或有偿转让等措施或办法。

（二）推广农业新科技发展生态农业

推进农村生态文明建设必须发展农业新科技。第一，农业科技部门应主动适应各地农民需求推广农业新科技，长期开展农业科技服务活动，推动农业科技下乡下田，让农民掌握最新农业科技知识和技能，提高化肥和农药的利用率，提升农业灌溉率。第二，农业科技人员应鼓励农民发展生态农业，经过科技人员讲解和田间试验让农民接受并发展生态农业，真正从源头上推进农村生态文明建设。

（三）加强农村生态文明建设教育

从文化的角度看，乡村是农业文明的产物，工业化集中高消耗的发展方式本身不符合农村发展规律。然而抵制和克服工业文明带来的物质主义、病态消费主义和唯GDP主义等负面影响，保护农村美丽的自然风貌和完整的生态功能，需要乡村全覆盖的生态技术和生态知识普及教育制度。具体包括对基层领导干部生态价值观教育、

企业组织的生态社会责任观教育和农村居民的生态健康观教育，促使领导干部形成正确的政绩观，培育村民和企业组织的自然优美环境的自豪感。同时，要注意汲取我国五千年传统文明精华，充分挖掘寻求乡村本土的公共秩序和善良风俗与生态文明理念的契合点，催生新型农村生态化"公序良俗"。

（四）提升农民生态文明意识

农民是农村生态文明建设的重要成员，提升农民生态文明意识是推动农民生态文明建设的重要环节。第一，农村基层工作人员作为带头人要深入群众进行生态环境保护教育。第二，通过电视广播、墙报、文艺演出等活动形式加强生态环境保护宣传。第三，要充分利用新媒体进行多渠道宣传，通过手机微信、网络平台等制作微知识、微动漫进行生态文明知识宣传，使其生态环境保护意识逐步提升。第四，在教育和宣传的基础上，完善村民自治委员会制度，鼓励农业协会等组织积极参与本地生态建设决策过程，为广大村民参与生态文明建设开拓更多的渠道，通过制定村规民约、聘请义务监督员等方法，普及生态化的生产和生活方式，加强监督管理，推动农村生态文明建设不断发展。

参考文献

[1] 陆超. 读懂乡村振兴 [M]. 上海：上海社会科学院出版社，2020.

[2] 陈国胜. 乡村振兴温州样本 [M]. 北京：中国农业大学出版社，2019.

[3] 蒋高明. 乡村振兴 选择与实践 [M]. 北京：中国科学技术出版社，2019.

[4] 黄郁成. 城市化与乡村振兴 [M]. 上海：上海人民出版社，2019.

[5] 西北农林科技大学. 乡村振兴的青年实践 [M]. 北京：中国青年出版社，2019.

[6] 郭艳华. 乡村振兴的广州实践 [M]. 广州：广州出版社，2019.

[7] 王昆，周慧，张纯荣. 乡村振兴之路 [M]. 北京：北京邮电大学出版社，2018.

[8] 孔祥智，等. 乡村振兴的九个维度 [M]. 广州：广东人民出版社，2018.

[9] 刘汉成，夏亚华. 乡村振兴战略的理论与实践 [M]. 北京：中国经济出版社，2019.

[10] 温铁军，张孝德. 乡村振兴十人谈 乡村振兴战略深度解读 [M]. 南昌：江西教育出版社，2018.

[11] 王宝升. 地域文化与乡村振兴设计 [M]. 长沙：湖南大学出版社，2018.

[12] 黄志友，崔国辉. 乡村振兴探索丛书 有机乡村 [M]. 石家庄：河北人民出版社，2019.

[13] 彭震伟. 乡村振兴战略下的小城镇 [M]. 上海：同济大学出版社，2019.

[14] 刘奇. 乡村振兴，三农走进新时代 [M]. 北京：中国发展出版社，2019.

[15] 苟文峰，等. 乡村振兴的理论、政策与实践研究 [M]. 北京：中国经济出版社，2019.

[16] 鲁可荣，杨亮承. 从精准扶贫迈向乡村振兴 [M]. 昆明：云南大学出版社，2019.